Langenscheidt
Sprachführer

Russisch

Für alle wichtigen Situationen auf der Reise

Langenscheidt

Inhalt

Ernstfall 193

Zeit & Wetter 217

Abkürzungen:

f weiblich
m männlich
n sächlich
uv unvollendet
v vollendet

Wenn es mehrere Möglichkeiten gibt, einen Satz fortzuführen, stehen die möglichen Ergänzungen unter dem Satz. Setzen Sie die passende Ergänzung in die Lücke mit den drei Punkten ein.

Ich möchte ... Öl.	**Мне ... мáсла.** mnje ... máßla.
... 1 Liter	**... нýжен оди́н литр** ... núschin adín litr
... 2 Liter	**... нужны́ два ли́тра** ... nuschný dwa lítra

Um Ihnen die Aussprache zu erleichtern, sind alle russischen Sätze und Wörter zusätzlich in vereinfachter Lautschrift angegeben.

Welches Material ist das? *▸Stoffe, S. 147*	Какóй э́то материáл? kakój ăta materjál?

Verweis auf andere Kapitel, in denen Sie weitere Wörter und Sätze finden.

Woher kommen Sie | kommst du?	Откýда Вы | ты? atkúda wy | ty?

Manchmal sind in einem Satz die du- und Sie-Form angegeben. Die Varianten sind unterstrichen und mit einem Strich getrennt. Sie müssen den Satz entsprechend auflösen, je nachdem, was Sie sagen wollen; entweder Откýда Вы? (Woher kommen Sie?) oder Откýда ты? (Woher kommst du?).

Ich bin sehr zufrieden. Я о́чень ♂ дово́лен / ♀ дово́льна.
ja ótschin ♂ dawólin / ♀ dawólna.

Wenn es unterschiedliche Formen je nach Geschlecht der Person gibt, ist die männliche Form mit ♂ und die weibliche mit ♀ markiert. Als Mann sagen Sie also Я о́чень дово́лен (ja ótschin dawólin), und als Frau Я о́чень дово́льна (ja ótschin dawólna).
Oft unterscheidet sich die weibliche Form von der männlichen nur durch ein angehängtes -a. Diese Varianten werden mit angehängtem (a ♀) angegeben.
In der Grammatik und im Reisewörterbuch verwenden wir dagegen die Abkürzung *m* für männlich und *f* für weiblich.

Wo bekomme ich ... ? Где я могу́ купи́ть ...?
gdje ja magú kupítj ...?

Bei Auslassungspunkten können Sie das einsetzen, was Sie gerade sagen möchten. Ergänzungen finden Sie in der Liste „Weitere Wörter“ zu jedem Abschnitt oder Kapitel.

Das könnten Sie hören:

◂Пе́рвая у́лица нале́во.
pérwaja úlitza naléwa.
Die erste Straße links.

Sätze, die Sie nicht selber sagen werden, die man aber vielleicht zu Ihnen sagt, haben wir in umgekehrter Sprachrichtung (also links Russisch, rechts Deutsch) aufgenommen. Sie sind mit der Überschrift „Das könnten Sie hören“ versehen und mit Pfeilen gekennzeichnet.

Substantive

Geschlecht und Artikel

Wie im Deutschen gibt es auch im Russischen drei grammatische Geschlechter: Maskulinum (*m* = männlich), Femininum (*f* = weiblich) und Neutrum (*n* = sächlich).

Im Russischen gibt es keinen Artikel. Sie erkennen das Geschlecht eines Substantivs an der Endung:

1. Männliche Substantive enden auf Konsonant, auf -й oder auf -ь.
2. Weibliche Substantive haben die Endung -а oder als weiche Variante -я oder -ь.
3. Sächliche Substantive enden auf -о oder als weiche Variante auf -е, bei Endbetonung auch auf -ё.

Substantive mit der Endung -ь können also entweder männlich oder weiblich sein. Ferner gibt es eine Anzahl von männlichen Substantiven auf -а und -я.
In den Wortlisten und im Reisewörterbuch haben wir in den Fällen das Geschlecht von Substantiven angegeben, wenn es sich nicht aus der Endung ersehen lässt.

Deklination der Substantive

Außer den Fällen Nominativ, Genitiv, Dativ und Akkusativ gibt es im Russischen noch den Instrumental (5. Fall) und den Präpositiv (6. Fall). Der Instrumental antwortet auf die Frage Mit wem? Womit? Wodurch? und wird außerdem von einigen Verben verlangt. Der Präpositiv tritt nur in Verbindung mit bestimmten Präpositionen auf.

Im Russischen wird unterschieden zwischen belebten und unbelebten Substantiven. Belebte Substantive bezeichnen

Menschen und Tiere, unbelebte bezeichnen Gegenstände und Abstrakta. Diese Unterscheidung ist wichtig bei männlichen Substantiven im Akkusativ Singular und Plural. Die Akkusativform unbelebter Substantive ist dort identisch mit der Form des Nominativs, die Akkusativform belebter Substantive entspricht dem Genitiv. Bei weiblichen Substantiven wird diese Unterscheidung nur im Akkusativ Plural gemacht. Dort lautet der Akkusativ unbelebter Substantive ebenfalls wie der Nominativ, der belebter Substantive wie der Genitiv.

männlich Singular	**auf Konsonant**		**auf -й**	**auf -ь**
	unbelebt	**belebt**	**(hier unbelebt)**	**(hier belebt)**
	Tisch	Chauffeur	Museum	Pferd
Nom	стол	шофёр	музей	конь
Gen	стола́	шофёра	музе́я	коня́
Dat	столу́	шофёру	музе́ю	коню́
Akk	стол	шофёра	музе́й	коня́
Instr	столо́м	шофёром	музе́ем[1]	конём[1]
Präp (o)	столе́	шофёре	музе́е	коне́

männlich Plural	**unbelebt**	**belebt**	**(hier unbelebt)**	**(hier belebt)**
Nom	столы́	шофёры	музе́и	ко́ни
Gen	столо́в	шофёров	музе́ев	коне́й
Dat	стола́м	шофёрам	музе́ям	коня́м
Akk	столы́	шофёров	музе́и	коне́й
Instr	стола́ми	шофёрами	музе́ями	коня́ми
Präp (o)	стола́х	шофёрах	музе́ях	коня́х

[1] unbetonte Endung -ем, betonte Endung -ём

sächlich	**Singular** auf -o	auf -e	**Plural** auf -o	auf -e
	Wort	Meer		
Nom	сло́во	мо́ре	слова́	моря́
Gen	сло́ва	мо́ря	слов	море́й
Dat	сло́ву	мо́рю	слова́м	моря́м
Akk	сло́во	мо́ре	слова́	моря́
Instr	сло́вом	мо́рем	слова́ми	моря́ми
Präp (o)	сло́ве	мо́ре	слова́х	моря́х

Fremdwörter wie z. B. **кино́** (Kino), **ко́фе** (Kaffee), **пальто́** (Mantel), werden nicht dekliniert. Solche Fälle haben wir in den Wortlisten mit *unv* (unveränderlich) gekennzeichnet.

weiblich Singular	**auf** -а	**auf** -я	**auf** -ия	**auf** -ь
	Ehefrau	Woche	Station	Heft
Nom	жена́	неде́ля	ста́нция	тетра́дь
Gen	жены́	неде́ли	ста́нции	тетра́ди
Dat	жене́	неде́ле	ста́нции	тетра́ди
Akk	жену́	неде́лю	ста́нцию	тетра́дь
Instr	жено́й	неде́лей	ста́нцией	тетра́дью
Präp (o)	жене́	неде́ле	ста́нции	тетра́ди

weiblich Plural	**auf** -а	**auf** -я	**auf** -ия	**auf** -ь
Nom	жёны	неде́ли	ста́нции	тетра́ди
Gen	жён	неде́ль	ста́нций	тетра́дей
Dat	жёнам	неде́лям	ста́нциям	тетра́дям
Akk	жён	неде́ли	ста́нции	тетра́ди
Instr	жёнами	неде́лями	ста́нциями	тетра́дями
Präp (o)	жёнах	неде́лях	ста́нциях	тетра́ди

Adjektive und Adverbien

Adjektive

Das russische Adjektiv richtet sich in Kasus (Fall), Numerus (Einzahl oder Mehrzahl) und Genus (Wortgeschlecht) nach dem Substantiv, das es näher bestimmt. Die Unterscheidung nach dem Wortgeschlecht wird nur im Singular gemacht, die Pluralformen gelten für alle drei Geschlechter.
Bei der Deklination werden Adjektive mit harter und mit weicher Endung unterschieden. Bei den männlichen harten Adjektiven gibt es im Nominativ Singular zwei mögliche Endungen: Bei Stammbetonung enden sie auf -ый (nach г, к, х und den Zischlauten auf -ий) und bei Endbetonung auf -óй.

Singular	harter Stammauslaut		weicher Stammauslaut	
	männlich	sächlich	männlich	sächlich
	neu		blau	
Nom	нóвый	нóвое	си́ний	си́нее
Gen	нóвого		си́него	
Dat	нóвому		си́нему	
Akk	нóвый/ нового	нóвое	си́ний/ си́него	си́нее
Instr	нóвым		си́ним	
Präp (o)	нóвом		си́нем	

Singular	harter Stammauslaut weiblich	weicher Stammauslaut weiblich
Nom	нóвая	си́няя
Gen	нóвой	си́ней
Dat	нóвой	си́ней
Akk	нóвую	си́нюю
Instr	нóвой	си́ней
Präp (o)	нóвой	си́ней

Plural	harter Stammauslaut alle drei Geschlechter	weicher Stammauslaut alle drei Geschlechter
Nom	но́вые	си́ние
Gen	но́вых	си́них
Dat	но́вым	си́ним
Akk	но́вые/но́вых	си́ние/си́них
Instr	но́выми	си́ними
Präp (o)	но́вых	си́них

Adverbien

Auf die Frage Wie? antworten Adverbien der Art und Weise. Sie sind überwiegend von Adjektiven abgeleitet und werden gebildet durch Anfügen der Endung -o an den harten Stammauslaut bzw. der Endung -e an den weichen Stammauslaut.

Он плохо́й студе́нт.
Er ist ein schlechter Student.

Он пло́хо говори́т по-ру́сски.
Er spricht schlecht Russisch.

Bei Adjektiven, die auf -ский enden, entfällt das -й und das Präfix по- wird vorgeschaltet:

ру́сский язы́к
die russische Sprache

Как э́то бу́дет по-ру́сски?
Wie heißt das auf Russisch?

Pronomen

In dieser Grammatikübersicht sind die Pronomen nur in der Nominativform (Grundform) angegeben. In den Sätzen finden Sie bisweilen auch deklinierte Formen.

Personalpronomen

	Singular		Plural	
(Nominativ)	я	ich	мы	wir
	ты	du	вы	ihr/Sie
	он	er	они́	sie
	она́	sie		
	оно́	es		

Possessivpronomen

	Singular männlich	weiblich	sächlich	Plural
mein(e)	мой	моя́	моё	мои́
deine(e)	твой	твоя́	твоё	твои́
sein(e)		его́		
ihr(e)		её		
unser(e)	наш	на́ша	на́ше	на́ши
euer(e) / Ihre(e)	ваш	ва́ша	ва́ше	ва́ши
ihr(e)		их		

Die Possessivpronomen его́, её, их sind unveränderlich. Die Possessivpronomen мой, твой, наш und ваш werden dekliniert. Sie richten sich in Genus, Kasus und Numerus nach dem Bestimmungswort (d. h. nach dem, was besessen wird), z. B. мой стол, моя́ жена́, моё письмо́, мои́ столы́.

Verben

Aspekte

Die meisten russischen Verben bilden Verbpaare. Das ist bedingt durch eine wichtige Erscheinung in der russischen Grammatik: den Verbalaspekt. Der Aspekt kennzeichnet die Betrachtungsweise, mit der der Sprechende eine Handlung erfasst. Es gibt zwei solcher Betrachtungsweisen:

– den unvollendeten Aspekt (= uv). Er bezeichnet eine nicht abgeschlossene Handlung in ihrem Verlauf oder ihrer Dauer ohne zeitliche Begrenzung;
– den vollendeten Aspekt (= v). Er kennzeichnet eine Handlung als abgeschlossenes Geschehen im Hinblick auf das Resultat der Handlung oder auf ihre zeitliche Begrenzung.

Für ein deutsches Verb gibt es deshalb im Russischen in der Regel zwei Entsprechungen, z. B. für trinken:

пить uv = trinken als allgemeine Handlung oder soeben stattfindender Prozess,
выпить v = austrinken mit Blick auf das Ergebnis.

Im Reisewörterbuch haben wir häufig beide Aspekte aufgeführt, wobei der unvollendete Aspekt an erster Stelle steht, z. B. **пить/выпить** trinken.

Reflexive Verben

Die reflexiven Verben des unvollendeten und des vollendeten Aspekts werden mit dem Suffix -ся nach Konsonant oder -сь nach Vokal gebildet:

одева́ть	anziehen
одева́ться	sich anziehen
я одева́ю	ich ziehe an
я одева́юсь	ich ziehe mich an
ты одева́ешь	du ziehst an
ты одева́ешься	du ziehst dich an

Präsens

Das Präsens kann nur von unvollendeten Verben gebildet werden. Man unterscheidet zwei Konjugationen: die e-Konjugation und die i-Konjugation.

	e-Konjugation	i-Konjugation
	lesen	sagen, sprechen
	чита́ть	говори́ть
я	чита́ю	говорю́
ты	чита́ешь	говори́шь
он, она́, оно́	чита́ет	говори́т
мы	чита́ем	говори́м
вы	чита́ете	говори́те
они́	чита́ют	говоря́т

Futur

Das Futur vollendeter Verben wird wie das Präsens unvollendeter Verben gebildet, z.B прочита́ть v (lesen): прочита́ю, прочита́ешь, прочита́ет, прочита́ем, прочита́ете, прочита́ют.

Das Futur unvollendeter Verben wird gebildet mit den Formen des Hilfsverbs **быть** (sein) plus dem Infinitiv des unvollendeten Verbs:

я	бу́ду	читáть
ты	бу́дешь	
он, онá, онó	бу́дет	
мы	бу́дем	
вы	бу́дете	
они́	бу́дут	

Präteritum

Die Form des Präteritums richtet sich nach Genus (Geschlecht) und Numerus (Einzahl oder Mehrzahl) des Subjekts. Es wird gebildet, indem man die Infinitivendung **-ть, -ти** oder **-чь** durch die Endung des Präteritums ersetzt. Diese lautet bei männlichem Subjekt im Singular **-л**, bei weiblichem **-ла** und bei sächlichem **-ло**. Im Plural ist die Endung für alle Geschlechter **-ли**.

Numerus	**Genus**	**Person**	читáть
Singular	m	я, ты, он	читáл
	f	я, ты, онá	читáла
	n	онó	читáло
Plural	m, f, n	мы, вы, они́	читáли

Top Tipps Land & Leute

Anrede

Unbekannte Menschen sollten Sie zunächst per „Sie“ **вы** (2. Person Plural – Großschreibung bei Briefen und Unterlagen) ansprechen. Gleichaltrige sowie Kolleginnen und Kollegen wechseln recht schnell zum „Du“ **ты**. Unter jungen Menschen wird generell gleich geduzt.

Für eine formelle Ansprache merken Sie sich den korrekten Vor- und Vatersnamen Ihres Gegenübers. Für den vom Vornamen des Vaters gebildeten Vatersnamen gibt es jeweils eine männliche und eine weibliche Form, z. B. von Alexander (**Александр**): Alexandrowitsch – Alexandrowna (**Александрович –Александровна**). Wenn Sie diese beiden Namen nicht kennen, erkundigen Sie sich bei Ihrem Gegenüber: **Извините, как Ваше имя-отчество**?“ (Iswiníti, kak wásche ímja-ótschißtwa?) Durch die Verwendung der im Deutschen üblichen Anrede „Herr” **господин** bzw. „Frau“ **госпожа** und Familiennamen geben Sie Ihre nicht-russische Herkunft gleich zu erkennen.

Im Umgang mit Geschäftsleuten aus dem Ausland ist diese Anrede jedoch gebräuchlich. Im Freundeskreis oder von der russischen Verwandtschaft werden Sie mit Kosenamen angesprochen, z. B. Mischa (**Миша**), abgeleitet von Michael, Mascha (**Маша**), abgeleitet von Maria.

Begrüßung

Ein Händedruck ist in Russland eher Männersache. Sie können davon ausgehen, dass viele Russinnen nur zögernd die Hand reichen werden. Im Geschäftsleben ändert sich dies aber langsam.

Im Freundeskreis und in der Familie umarmt und küsst man sich nach längerer Trennung dreimal auf die Wange; im Alltag ist einmal völlig ausreichend.

Kyrilliza und russische Sprache

Die russische Sprache bedient sich der kyrillischen Schrift, genannt Kyrilliza (**кириллица**). Obwohl es in Metropolen wie Moskau bereits Beschilderung auf Englisch gibt und in der U-Bahn (**метро**) Stationsnamen auch in lateinischer Schrift angegeben werden, sind diese meistens klein gedruckt und schwer zu lesen.

Um ohne Hilfe auf Entdeckungsreise gehen zu können, ist zu empfehlen, vor Reiseantritt die kyrillischen Buchstaben zu lernen. So ist es möglich, Straßen- und Stationsnamen auf Russisch mit englischen Plänen zu vergleichen, schnell das Lieblingsgericht in der Speisekarte oder einen Ausdruck im Wörterbuch zu finden. Sollten Sie dann auch noch vorhaben, einige russische Wörter und Phrasen zu lernen, umso besser. Damit werden Sie von Kaliningrad (**Калининград**) bis Wladiwostok (**Владивосток**) gut verstanden, denn die drei Dialektgebiete von Nord-, Mittel- und Südrussland weisen bei Weitem nicht so große Unterschiede auf wie die viel kleineren deutschen Dialektgebiete. In den Medien findet Hochrussisch Anwendung, das auf dem Mittelrussischen basiert, wie es auch in Moskau gesprochen wird.

Masleniza

Das mit vielen lustigen Spielen und Gesang verbundene slawische Fest „Masleniza“ (Масленица), abgeleitet von dem Wort „Butter“ (масло) und deshalb im Deutschen „Butterwoche“ genannt, erfreut sich in Russland nach den Sowjetzeiten wieder großer Beliebtheit. Anfangs heidnischen Ursprungs, markiert es in erster Linie den Übergang vom Winter zum Frühling. Bis heute hat es aber auch christliche Züge angenommen.

In der Butterwoche, die auch die Übergangszeit zur Fastenzeit ist, darf bereits kein Fleisch, aber noch Käse, Eier und Milch zu sich genommen werden. Es werden neben anderen Köstlichkeiten vor allem Eier(pfann)kuchen (блины), die ein Symbol für die Sonne (солнце) sind, gebacken und verzehrt. Am Donnerstag der Butterwoche fängt das ausgelassene Feiern (разгул) an und erreicht seinen Höhepunkt am Sonntag. Während dieser Tage werden Faust- und andere Wettkämpfe veranstaltet.

Das wichtigste Attribut des Masleniza-Festes ist die Masleniza-Puppe (чучело), die aus Stroh und Lumpen gefertigt wird und den Winter symbolisiert. Am Sonntag wird die Puppe nach einem bestimmten Zeremoniell verbrannt. Da dieser Tag nach dem orthodoxen Kalender mit dem „Vergebungssonntag“ zusammenfällt, bitten sich die Menschen für die von ihnen begangenen Taten gegenseitig um Verzeihung.

Matrjoschka

Die aus Holz in ovaler Form gedrechselte und kunstvoll bemalte Puppe Matrjoschka (матрёшка), in deren aufdrehbarem Bauch kleinere Puppen ineinanderstecken, ist zweifellos das beliebteste Souvenir aus Russland. Sie entstand Ende des 19. Jahrhunderts nach japanischem Vorbild, das einen alten kahlköpfigen Mann darstellte. Auf die gedrechselten Vorlagen malte der russische Künstler Maljutin jedoch ein Bauernmädchen, das eine traditionelle Tracht trägt, bestehend aus einem Kopftuch (платок), einem Sarafan (сарафан) und einer Schürze (фартук). Der Name Matrjoschka ist der Kosename des zu der Zeit sehr beliebten Vornamens Matrjona (Матрёна), der in Beziehung zu dem Wort „Mutter" (мать) steht. Die erste Puppe bestand aus acht Figuren, inzwischen liegt der Rekord bei 100. Diese Puppe wird im Depot des Historischen Museums in Moskau aufbewahrt.

Der Darstellung eines typisch russischen Mädchens folgte die von Berühmtheiten aus der Politik und den Medien sowie ganzen Familien. So wurde zum Beispiel 1912 Napoleon mit seiner Entourage im Bauch hergestellt. In der Sammlung fehlt auch kein in Russland bekanntes Gesicht der Neuzeit.

Im Ausland wurde man schnell auf diese besondere Puppe aufmerksam, was sie zum Exportschlager machte. Sowohl auf der Weltausstellung von Paris im Jahre 1900 als auch auf den Leipziger Messen war sie zu bewundern.

Wenn Sie noch mehr über die Matrjoschka-Puppe wissen wollen, können Sie jeweils ein Matrjoschka-Museum in den beiden russischen Hauptstädten Moskau und Sankt-Petersburg besichtigen. Die Puppe kaufen Sie in Moskau am besten am Floh- und Souvenirmarkt im Izmailovo. Dort ist der Preis auch verhandelbar.

Neujahrsfeste und Weihnachten

In Russland wird Weihnachten (Рождество) sicher am längsten und das Neujahrsfest (Новый год) gleich zweimal begangen. Wie das geht? Hier die Erläuterung dazu:

Wie auch in Deutschland beginnt zumindest in den russischen Metropolen schon im Dezember das Weihnachtsgeschäft und man hört in den Kaufhäusern die bekannten Weihnachtsmelodien über die in Russland eigentlich bedeutungslosen Tage vom 24. bis 26.12. bis zu Silvester (новогодний вечер). Sowohl in den Stadtzentren als auch in den Wohnzimmern werden Tannen oder Fichten aufgestellt und geschmückt, die „Neujahrsbaum" (новогодняя ёлка) heißen. In dieser festlichen Atmosphäre zu Hause oder in einem Restaurant rutscht man am 31.12. mit Familie oder im Freundeskreis tanzend und singend mit einem reich gedeckten Tisch in das neue Jahr hinein. Um sich ein glückliches Neues Jahr zu wünschen, sagt man „С Новым годом!" (ßnówym gódam!).

In der Silvesternacht, bei kleineren Kindern auch über den Tag, werden die Geschenke überreicht, entweder persönlich durch Väterchen Frost (Дед Мороз), den russischen Weihnachtsmann, mit seiner Enkelin Snegurotschka (Снегурочка) oder sie liegen am Neujahrsmorgen unter dem Baum.

Im Jahre 1918 wurde in Russland der in Europa gültige Gregorianische Kalender eingeführt, die orthodoxe Kirche hielt mit ihren Feiertagen aber am 13 Tage „hinterherhinkenden" alten Julianischen Kalender fest. Deshalb begehen seitdem alle orthodoxen Christen in Russland am 7. Januar Weihnachten. Wer die Weihnachtsmesse in der Kirche erleben möchte, muss am 6.1., zu Heiligabend (сочельник), von 23 Uhr bis zum 7.1., 2 Uhr, aushalten, und zwar stehend. Man kann aber auch die Messe aus der Moskauer Christ-Erlöser-Kathedrale (Храм Христа Спасителя) im Fernsehen verfolgen. „Frohe Weihnachten!“ auf Russisch wünscht man sich so: „С Рождеством!“ (ßraschdißtwóm!).

Wie das Weihnachtsfest wäre auch das Neujahrsfest nach Julianischem Kalender fast zwei Wochen später, weshalb man es „Altes Neues Jahr“ (Старый Новый год) nennt. Nicht wenige in Russland nutzen dieses Datum für einen längeren Urlaub, zumindest aber von Neujahr bis Weihnachten. In dieser Woche kommt auch hier das öffentliche Leben fast zum Erliegen.

Raus in die Natur: Datscha, Picknick und mehr

Bei jeder Gelegenheit zieht es vor allem Menschen aus der Großstadt hinaus in die Natur. Dabei geht es nicht nur darum, „frische Luft zu schnappen“, sondern auch darum, beliebten Freizeitbeschäftigungen nachzugehen. Das Zentrum der Erholung von Stadtmenschen ist ein Wochenend- bzw. Ferienhaus, genannt Datscha (дача), mit dem dazugehörigen Grundstück (участок), wohin man sich an freien Tagen das ganze Jahr über, aber auch im Urlaub mangels anderer Möglichkeiten, zurückziehen kann. Im Sommer spricht man gern davon, dass die Städte „leergefegt“ sind (пустуют). Die Datschasiedlungen (дачные посёлки) gibt es seit Ende des 18. Jahrhunderts vor den Toren von Moskau und Sankt Petersburg und inzwischen auch um zahlreiche weitere große Städte herum. Dort wird an den Häusern gewerkelt, im Garten gearbeitet, der bis heute zur Versorgung mit Obst und Gemüse beiträgt, und mit Familie und im Freundeskreis bei Spaß und Spiel die Zeit verbracht.

Ausflüge in die Natur werden in Russland fast immer von einem Picknick (**пикник**) begleitet, wofür ein Lagerfeuer (**костëр**) entfacht wird, um Schaschliks (**шашлыки**) zu brutzeln.

Russische Banja

Unter dem russischen Wort „banja" (**баня**) versteht man entweder eine Badeanstalt oder viel häufiger eine kleine Holzhütte, wie sie auf dem Lande oder auf Datschagrundstücken anzutreffen ist, wo sich die Menschen nach einem bestimmten Ritual waschen. Aus diesem Grund trifft die Übersetzung „Sauna" nicht das Wesen. Zweifellos haben aber die russische Banja und die traditionelle finnische Sauna viele Gemeinsamkeiten.

Hinsichtlich der Bauweise und der Ausstattung sind russische Banjas sehr vielfältig. Der geräumige Typ besteht aus dem Auskleide-, Erholungs- und Waschraum, der einfachste nur aus einem einzigen Raum mit einer Sitzbank und einem Metall- oder Steinofen mit einer Steinschicht, auf die das Wasser zur Erzeugung des Wasserdampfes aufgegossen wird. Zum Ofen gehört ein Kanister, in dem das Wasser mit Holz bis auf 100 °C oder darüber erhitzt werden kann.

Zu dem Ritual des Badens gehört zunächst das Abspülen mit kaltem (aus extra bereitgestellten Kübeln) und warmem Wasser. Mit Bündeln von Birkenzweigen (**веники**), die vorher eingeweicht wurden, schlagen sich die Badenden gegenseitig auf den Körper, was die Blutzirkulation anregt. Mit Erholungsphasen, in denen man etwas zu sich nimmt, kann das ganze Prozedere einige Male wiederholt werden.

Wenn Sie aus der Banja heraustreten, werden Sie mit den Worten „С лёгким паром!“ (ßljóchkim páram! – Leichten Dampf!) begrüßt, womit die Hoffnung ausgedrückt wird, dass Sie das Bad genossen haben.

Teetrinken und Samowar

Wussten Sie, dass Russland ein Land der Teetrinker ist? Bereits im Jahre 1618 kostete der russische Zar (царь) Tee (чай) von chinesischen Gesandten. Allerdings erst 20 Jahre später wurde der Tee nach Moskau gebracht und breitete sich in den folgenden 150 Jahren im ganzen Land aus.

Nach russischer Tradition wird der Tee mit Zucker oder Konfitüre und oft mit Zitrone aus Porzellantassen oder Teegläsern getrunken. Als kleine zusätzliche Mahlzeit zwischen Mittag- und Abendessen (полдник) oder als Bewirtung von Gästen gab und gibt es noch heute Honig (мёд), Geleefrüchte (мармелад), Konfitüre (варенье), Piroggen (пироги), eine Art gefüllter Teigtaschen bzw. Strudel, Gebäck (печенье), Lebkuchen (пряники), Brezeln (бублики) und so manches mehr zum Tee.

Ein unzertrennlicher Bestandteil des russischen Teetrinkens (чаепитие) ist der Samowar (самовар), wortwörtlich: „Selbstkocher“, der in Russland ab Mitte des 18. Jahrhunderts sowohl in Suksun (Суксун) als auch in Tula (Тула) produziert wurde, in Tula bis heute, wo sich auch ein Samowar-Museum befindet.

Der Wasserkessel des Samowars wurde ursprünglich mit Kohle oder Holz beheizt, bis man auf die elektrische Variante umstieg. In den oberen Teil stellt man eine Kanne mit starkem Teeaufguss, aus der man ihn in kleiner Menge in Tassen oder Gläser einschenkt und das Ganze mit heißem Wasser aufgießt, indem man einen kleinen Hahn am Wasserkessel bedient.

Nicht nur Samoware als Zubehör des Teetrinkens, sondern auch kunstvoll verzierte Teeglashalter (**подстаканники**) aus Messing oder Kupfer zählen zu den begehrten Souvenirs aus Russland.

Zu Besuch

Wenn Sie mit Einheimischen gute Bekanntschaft geschlossen haben, wird es nicht lange auf sich warten lassen, dass Sie von ihnen zu sich nach Hause eingeladen werden. Für diesen Fall sollten Sie viel Zeit und Appetit mitbringen, denn das Mahl könnte einige Stunden in Anspruch nehmen.

Ferner wäre zu beachten: Kleiden Sie sich für diesen Anlass angemessen und denken Sie an ein Mitbringsel, mindestens ein Blumenstrauß (Blumen bitte in ungerader Anzahl, die gerade Anzahl ist für den Friedhofsbesuch vorgesehen) oder Pralinen und Kleinigkeiten für die Kinder. Überreichen Sie das Mitbringsel bitte nicht über die Türschwelle, sondern übergeben Sie es erst in der Wohnung. Man gibt sich auch nicht über der Türschwelle die Hand. Ziehen Sie an der Haustür Ihre Schuhe aus, es werden Ihnen gleich Pantoffeln gereicht.

Probieren Sie unbedingt von den zahlreichen Speisen. Damit legen Sie die Grundlage, um in der Runde mit Wodka (**водка**) oder anderen alkoholischen Getränken anstoßen zu können.

Beim Essen wird es nicht ohne Trinksprüche abgehen, die bei bestimmten Feierlichkeiten sehr lang ausfallen können. Die Kurzform lautet: „**Твоё/ваше здоровье**!“ (Twajó/wásche sdarówje! – Auf deine/Ihre Gesundheit!) und nicht „**На здоровье**!“ (Na sdarówje!), denn das bedeutet „Gern geschehen!“.

Anreise & Weiterreise

... die wichtigsten Sätze

Entschuldigung, wo ist ...?
Извините, где нахóдится ...?
iswiníti, gdje nachóditza ...?

Ist das die Straße nach ...?
Э́то дорóга в направлéнии ...?
äta daróga wnaprawlénii ...?

Wie komme ich zu ...?
Как мне доéхать до ...?
kak mnje dajéchatj da ...?

▸Fragen nach dem Weg, S. 45

Wann fährt ein Zug nach ...?
Когдá отправля́ется пóезд в ...?
kagdá atprawljájitza pó-ißt w ...?

Wann ist er in ...?
Когдá он бýдет в ...?
kagdá on búdit w ...?

Muss ich umsteigen?
Мне нýжно дéлать пересáдку?
mnje nú̦na délatj piririßátku?

Was kostet eine Fahrkarte nach ...?
Скóлько стóит билéт до ...?
ßkólka ßtó-it biljét da ...?

▸Auskunft und Fahrkarten, S. 35

Ist dies der Zug nach ...?
Э́то пóезд на ...?
äta pó-ißt na ...?

Ist dieser Platz frei?
Э́то мéсто свобóдно?
äta mjéßta ßwabódna?

Können Sie mir bitte helfen?
▸*Im Zug, S. 38*
Вы не моглú бы мне помóчь?
wy ni maglí by mnje pamótsch?

Sagen Sie mir bitte, wo ich aussteigen muss?
▸*Fernbus, S. 40*
Скажúте, пожáлуйста, где мне выходúть?
ßka‚ýti, pa‚álußta, gdje mnje wychadítj?

Ich möchte ein Auto mieten.
Я хотéл(♀ а) бы взять напрокáт машúну.
ja chatjél(♀ a) by wsjatj naprakát maschýnu.

Wie viel kostet das?
▸*Vermietung, S. 43*
Скóлько э́то стóит?
ßkólka ătá ßtó-it?

Wo ist die nächste Tankstelle?
Где ближáйшая заправочная стáнция?
gdje bli‚áischaja sapráwatschnaja ßtántzyja?

Bitte volltanken.
▸*An der Tankstelle, S. 46*
Запрáвьте, пожáлуйста, пóлный бак.
sapráfte, pa‚álußta, pólny bak.

Können Sie mir Starthilfe geben?
▸*Panne, S. 47*
Вы не моглú бы прикурúть мой автомобúль?
wy ni maglí by prikurítj moj aftamabílj

Wo ist die nächste Werkstatt?
▸*In der Werkstatt, S. 50*
Где ближáйший авторемóнт?
gdje bli‚áischyj aftarimónt?

Einreise

Das könnten Sie hören:

◂ **Ваш па́спорт, пожа́луйста.** wasch páßpart, paschálußta.	Ihren Pass bitte.
◂ **У Вас есть ви́за?** u waß jeßtj wísa?	Haben Sie ein Visum?
◂ **Ваш па́спорт недействи́телен.** wasch páßpart nidijßtwítilin.	Ihr Pass ist abgelaufen.
◂ **У Вас есть ве́щи, подлежа́щие тамо́женному деклари́рованию?** u waß jeßtj wéschi padlischáschii tamóschinamu diklarírawaniju?	Haben Sie etwas zu verzollen?
◂ **Э́то Вы должны́ задеклари́ровать.** ắta wy dalschný sadiklarírawatj.	Das müssen Sie verzollen.
◂ **Откро́йте, пожа́луйста, …** atkrójti paschálußta …	Öffnen Sie bitte den …
… бага́жник. … bagáschnik.	… Kofferraum.
… чемода́н. … tschimadán.	… Koffer.

Weitere Wörter

Ausweis	**удостоверéние лúчности** udaßtawirénije lítschnaßti
Fahrzeugpapiere	**докумéнты на машúну** dakuménty na maschínu
Familienname	**фамúлия** famílija
Grenze	**границá** granítza
grüne Versicherungskarte	**зелёная страховáя кáрта** siljónaja ßtrachawája kárta
gültig	**действúтельный** dijßtwítilny
Impfpass	**пáспорт прививóк** páßpart priwíwak
internationaler Führerschein	**междунарóдное водúтельское удостоверéние** mischdunaródnaji wadítilßkaji udaßtawirénije
Mehrwertsteuer	**НДС** än-dy-äß
Nummer	**нóмер** nómir
Papiere	**докумéнты** dakuménty
Pass	**пáспорт** páßpart
Quittung	**квитáнция** kwitántzyja
Rechnung	**счёт** schjot
Reisegruppe	**туристúческая грýппа** turißtítschißkaja grúpa
Staatsangehörigkeit	**граждáнство** graschdánßtwa
ungültig	**недействúтельный** nidijßtwítilny
Unterschrift	**пóдпись** pótpiß
verzollen	**декларúровать** diklarírawatj
Wohnort	**мéсто жúтельства** mjéßta schýtilßtwa
Zoll	**тамóжня** tamóschnja
Zollerklärung	**тамóженная декларáция** tamóschinaja diklarátzija

Gepäck

Ich möchte mein Gepäck ...	**Я хотéл(♀ а) бы ... мóй багáж.** ja chatjél(♀ a) by ... moj bagásch.
... hierlassen.	**... остáвить здесь** ... aßtáwitj sdjeß
... abholen.	**... забрáть** ... sabrátj
Mein Gepäck ist nicht angekommen.	**Моегó багажá нет.** ma-jiwó bagaschá njet.
Wo ist mein Gepäck?	**Где мой багáж?** gdje moj bagásch?
Mein Koffer ist beschädigt worden.	**Мой чемодáн повреждён.** moj tschimadán pawrischdjón.
An wen kann ich mich wenden?	**К комý мне мóжно обратúться?** k-kamú mnje móschna abratítza?

Weitere Wörter

Gepäckannahme	**приём багажá** prijóm bagaschá
Gepäckaufbewahrung	**кáмера хранéния** kámira chranénija
Gepäckausgabe	**вы́дача багажá** wýdatscha bagaschá
Gepäckschein	**отрывнóй талóн багáжной бúрки** atrywnój talón bagáschnaj bírki
Handgepäck	**ручнáя кладь** rutschnája klatj
Koffer	**чемодáн** tschimadán
Koffergurt	**ремéнь для чемодáна** rimén dlja tschimadána
Reisetasche	**дорóжная сýмка** daróschnaja ßúmka
Rollkoffer	**чемодáн на колёсиках** tschimadán na kaljósikach
Rucksack	**рюкзáк** rjuksák
Schließfach	**автоматúческая кáмера хранéния** aftamatítschißkaja kámira chranénija
Tasche	**сýмка** ßúmka

Flugzeug

Wo ist der Schalter der Fluggesellschaft ...?	Где окóшко авиакомпáнии ...? gdje akóschka awiakampánii ...?
Wann fliegt die nächste Maschine nach ...?	Когдá летúт слéдующий самолёт в ...? kagdá litít ßléduschij ßamaljót w ...?
Sind noch Plätze frei?	Ещё есть свобóдные местá? jeschó jeßtj ßwabódnyje mißtá?
Wie viel kostet ein Flug nach ...?	Скóлько стóит билéт в ...? ßkólka ßtó-it biljét w ...?
Bitte ein Flugticket ...	Пожáлуйста, одúн билéт ... paschálußta, adín biljét ...
... einfach.	... тудá. ... tudá.
... hin und zurück.	... тудá и обрáтно. ... tudá i abrátna.
... Economyclass.	... в эконóм-клáссе. ... wykanóm kláßi.
... Businessclass.	... в бúзнес-клáссе. ... wbísnyß kláßi.
Ich hätte gern einen ...	Я хотéл(♀ а) бы мéсто у ... ja chatjél(♀ a) by méßta u ...
... Fensterplatz.	... окнá. ... akná.
... Platz am Gang.	... прохóда. ... prachóda.
Kann ich das als Handgepäck mitnehmen?	Могý ли я взять э́то с собóй в салóн самолёта? magú li ja wsjatj ăta ß-ßabój fßalón ßamaljóta?

Kann ich meinen (zusammenklappbaren) Rollstuhl mitnehmen?	**Могу́ ли я взять с собо́й мою́ (складну́ю инвали́дную коля́ску?** magú li ja wsjátj ß-ßabój majú (ßkladnúju) inwalídnuju kaljáßku?
Ich möchte meinen Flug ...	**Я хоте́л(♀ а) бы мой полёт ...** ja chatjél(♀ a) by moj paljót ...
... rückbestätigen lassen.	**... подтверди́ть.** ... pat-twirdítj.
... stornieren.	**... анули́ровать.** ... anulírawatj.
... umbuchen.	**... перенести́.** ... pirinißtí.

Weitere Wörter

Abflug	**вы́лет** wýlit
Ankunft	**прибы́тие** pribýtije
Anschlussflug	**стыко́вочный рейс** ßtykówatschnyj rejß
Ausgang	**вы́ход** wýchat
Bordkarte	**поса́дочный тало́н** paßádatschny talón
elektronisches Ticket	**электро́нный биле́т** yliktrónyj bilét
Flugbegleiter(in)	**стю́ард, стюарде́сса** ßtjúart, ßtjuardéßa
Flughafen	**аэропо́рт** a-äraport
Flughafenbus	**перро́нный авто́бус** pirónyj aftóbuß
Flughafengebühr	**сбор аэропо́рта** ßbor a-ärapórta
Flugzeit	**вре́мя в полёте** wrémja fpaljóti
Flugzeug	**самолёт** ßamaljót
Kindersicherheitsgurt	**де́тский реме́нь безопа́сности** djétzkij rimén bisapáßnaßti
Landung	**поса́дка** paßátka
mobile Bordkarte	**моби́льный поса́дочный тало́н** mabílnyj paßádatschny talón
Ortszeit	**ме́стное вре́мя** mjéßnaje wrémja
Pilot(in)	**пило́т** pilót

Rückflug	обрáтный рейс abrátny rejß
Schalter	окóшко akóschka
Spucktüte	гигиенúческий пакéт gigijenítschißki pakjét
Ticket	билéт biljét
Verspätung	опоздáние apasdánije
Zwischenlandung	промежýточная посáдка pramischútatschnaja paßátka

Zug

Auskunft und Fahrkarten

Wo finde ich die Gepäckaufbewahrung?	Где кáмера хранéния? gdje kámira chranénija?
Wo finde ich die Schließfächer?	Где автоматúческие кáмеры хранéния? gdje aftamatítschißkije kámiry chranénija?
Wann fährt ein Zug nach ...?	Когдá отправля́ется пóезд в ...? kagdá atprawljájitza pó-ißt w ...?
Wann fährt der nächste Zug nach ...?	Когдá отправля́ется слéдующий пóезд в ...? kagdá atprawljájitza ßléduschi pó-ißt w ...?
Wann ist er in ...?	Когдá он бýдет в ...? kagdá on búdit w ...?
Muss ich umsteigen?	Мне нýжно дéлать пересáдку? mnje núschna délatj pirißátku?
Von welchem Gleis fährt der Zug nach ...?	С какóго путú отправля́ется пóезд в ...? ßkakówa putí atprawljájitza pó-ißt w ...?

Info

Bei längeren Fahrten haben Sie die Wahl zwischen den folgenden Schlafwagentypen: **плацка́ртный ваго́н** (platzkártny wagón) *(offener, nicht in Abteile abgetrennter Liegewagen)*, **купе́йный ваго́н** (kupéjny wagón) *(Schlafwagen mit Vier-Bett-Abteilen)*, **спа́льный ваго́н** (ßpálnyji wagón) (Schlafwagen mit Zwei-Bett-Abteilen und eigenem Waschbecken), oft abgekürzt zu **СВ** (äß-wä́). Auf Kurzstrecken verkehren häufig noch die Vorortzüge älteren Typs mit Holzbänken **электри́чка** (äliktrítschka), die nach und nach von modernen Zügen mit Sitzwagen **сидя́чий ваго́н** (ßidjátschij wagón) abgelöst werden.

Was kostet eine Fahrkarte nach ...?	**Ско́лько сто́ит биле́т до ...?** ßkólka ßtó-it biljét da ...?
Bis zu welchem Alter fahren Kinder umsonst?	**До како́го во́зраста де́ти е́здят беспла́тно?** da kakówa wósraßta déti jésdjat bißplátna?
Bitte eine Karte ...	**Оди́н биле́т, пожа́луйста, ...** da ... paschálußta, adín biljét ...
... einfach.	**... то́лько туда́.** ... tólka tudá.
... hin und zurück.	**... туда́ и обра́тно.** ... tudá i abrátna.
... erster Klasse.	**... в пе́рвом кла́ссе.** ... fpérwam kláßi.
... zweiter Klasse.	**... во второ́м кла́ссе.** ... waftaróm kláßi.
... für Kinder.	**... для дете́й.** ... dla ditéj.
... für Erwachsene.	**... для взро́слых.** ... dla wsróßlych.

Bitte zwei Karten nach	**Два билéта до ..., пожáлуйста.** dva biljéta da ..., paschálußta.
Eine Tagesrückfahrkarte nach ..., bitte.	**Одúн проезднóй билéт на одúн день до ..., пожáлуйста.** adín pra-isnój biljét na adín denj da ..., paschálußta.
Bitte eine Platzkarte für den Zug um ... Uhr nach ...	**Пожáлуйста, одúн билéт на пóезд в ... часóв на ...** paschálußta, adín biljét na pó-ißt w ... tschißóf na ...
Ich hätte gerne einen Platz ...	**Я хотéл(♀ а) бы одúн билéт ...** ja chatjél(♀ a) by adín biljét ...
... am Fenster.	**... у окнá.** ... u akná.
... am Gang.	**... у прохóда.** ... u prachóda.
... im Abteil.	**... в купé.** ... fkupä.
... im Großraumwagen.	**... в сидя́чем вагóне.** ... ßidjátschim wagóni.
Gibt es ein Kinderabteil?	**Имéется ли купé для детéй?** iméjitza li kupé dlja ditéj?
Ist dieser Zug zuschlagpflichtig?	**В э́том пóезде нýжно доплáчивать дополнúтельный сбор?** wätam pó-isdi núschna daplátschiwatj dapalnítilnyj ßbor?
Gibt es im Zug etwas zu essen und zu trinken?	**Мóжно ли в пóезде купúть чтó-нибýдь поéсть и попúть?** móschna li fpó-isdi kupítj schtó-nibútj pajéßtj i papítj?

Info

In jedem Waggon fährt eine Zugbegleiterin **проводни́ца** (prawadnítza) oder ein Zugbegleiter **проводни́к** (prawadník) mit. Sie kontrollieren die Fahrkarten und sind zuständig für die Bettwäsche und die Sauberkeit im Waggon. Von ihnen bekommen Sie heißen Tee oder Instantkaffee.

Auf dem Bahnhof

автомати́ческие ка́меры хране́ния aftamatítschißkije kámiry chranénija .... Schließfächer
вы́ход wýchat .... Ausgang
душевы́е duschiwýji .... Duschen
зал ожида́ния sal aschydánija .... Wartesaal
ка́мера хране́ния kámira chranénija .... Gepäckaufbewahrung
к платфо́рмам kplatfórmam .... Zu den Bahnsteigen
не питьева́я вода́ ni pitjewája wadá .... Kein Trinkwasser
питьева́я вода́ pitjewája wadá .... Trinkwasser
привокза́льный рестора́н priwagsálnyj rißtarán .... Bahnhofsgaststätte
приём багажа́ prijóm bagaschá .... Gepäckannahme
путь putj .... Gleis
спра́вочное бюро́ ßpráwatschnaje bjuró .... Auskunft
туале́т(ы) tualét(y) .... Toiletten
умыва́льные umywálnyje .... Waschräume

Im Zug

Könnten Sie mir bitte beim ... helfen?	**Вы не могли́ бы мне помо́чь ...** wy ni maglí by mnje pamótsch ...
... Einsteigen	**... зайти́?** ... sajtí?
... Aussteigen	**... сойти́?** ... ßajtí?

Ist dies der Zug nach ...?	Э́то по́езд на ...? äta pó-ißt na ...?
Ist dieser Platz frei?	Э́то ме́сто свобо́дно? äta mjéßta ßwabódna?
Entschuldigen Sie, das ist mein Platz.	Извини́те, э́то моё ме́сто. iswiníti, äta majó mjéßta.
Können Sie mir bitte helfen?	Вы не могли́ бы мне помо́чь? wy ni maglí by mnje pamótsch?
Wie lange haben wir Aufenthalt?	Как до́лго здесь стои́т по́езд? kak dólga sdjeß ßta-ít pó-ißt?
Darf ich das Fenster öffnen?	Мо́жно откры́ть окно́? móschna atkrýtj aknó?
Darf ich das Fenster schließen?	Мо́жно закры́ть окно́? móschna sakrýtj aknó?
Wie viele Stationen sind es noch bis ...?	Ско́лько ещё ста́нций до ...? ßkólka jeschó ßtántzyj da ...?
Erreiche ich den Zug nach ... noch?	Я ещё успе́ю на по́езд в ...? ja jeschó ußpéju na pó-ißt w ...?

Weitere Wörter

Abfahrt .... отправле́ние atprawlénije
Abteil .... купе́ kupä
ankommen .... прибыва́ть pribywátj
Ankunft .... прибы́тие pribýtije
Ausgang .... вы́ход wýchat
aussteigen .... выходи́ть wychadítj
Bahnhof .... вокза́л wagsál

Bahnsteig	**платфо́рма** platfórma
besetzt	**за́нято** sánita
einsteigen	**входи́ть/войти́** fchadítj/wa-ití
Fahrplan	**расписа́ние** raßpißánije
Fahrpreis	**цена́ биле́та** tziná biljéta
Fensterplatz	**ме́сто у окна́** mjéßta u akná
Gleis	**путь** putj
Klasse	**класс** klaß
Liegewagen	**купе́йный ваго́н** kupäjnyj wagón
Platz	**ме́сто** méßta
reserviert	**заброни́ровано** sabranírawana
Schaffner(in)	**проводни́к, проводни́ца** prawadník, prawadnítza
Schlafwagen	**спа́льный ваго́н** ßpálnyj wagón
Schließfächer	**автомати́ческие ка́меры хране́ния** aftamatítschißkije kámiry chranénija
Speisewagen	**ваго́н-рестора́н** wagón-rißtarán
umsteigen	**переса́живаться** pirißáschywatza
Waggon	**ваго́н** wagón
Zuschlag	**допла́та** dapláta

Fernbus

Wie komme ich zum Busbahnhof?
Как мне пройти́ к автоста́нции?
kak mnje prajtí kaftaßtántzy-i?

Wann fährt der nächste Bus nach ...?
Когда́ отправля́ется сле́дующий авто́бус на ...?
kagdá atprawljájitza ßléduschi aftóbuß na ...?

Bitte eine Karte nach ...
Пожа́луйста, оди́н биле́т на ...
paschálußta, adín biljét na ...

Bitte zwei Karten nach ...	**Пожа́луйста, два биле́та на ...** paschálußta, dwa biljéta na ...
Ist dies der Bus nach ...?	**Э́то авто́бус на ...?** ắta aftóbuß na ...?
Wie lange dauert die Fahrt?	**Ско́лько вре́мени дли́тся рейс?** ßkólka wrémini dlítza rejß?
Ist ... die End-haltestelle?	**... коне́чная остано́вка?** ... kanétschnaja aßtanófka?
Sagen Sie mir bitte, wo ich aussteigen muss?	**Скажи́те, пожа́луйста, где мне выходи́ть?** ßkaschýti, paschálußta, gdje mnje wychadítj?

Schiff

Wann geht das nächste Schiff nach ...?	**Когда́ отхо́дит сле́дующий кора́бль на ...?** kagdá atchódit ßléduschi karábl na ...?
Wann legen wir in ... an?	**Когда́ мы прича́лим в ...?** kagdá my pritschálim w ...?
Wann müssen wir an Bord sein?	**Когда́ мы должны́ быть на борту́?** kagdá my dalschný bytj na bartú?
Bitte eine Schiffs-karte erster Klasse nach ...	**Я хоте́л(♀ а) бы биле́т на кора́бль в пе́рвом кла́ссе на ...** ja chatjél(♀ a) by biljét na karábl fpérwam kláßi na ...

Bitte eine Schiffskarte Touristenklasse nach ...	**Я хоте́л(♀ а) бы биле́т на кора́бль в эконо́м-кла́ссе на ...** ja chatjél(♀ a) by biljét na karábl wäkanóm kláßi na ...
Eine Karte für die Rundfahrt um ... Uhr bitte.	**Я хоте́л(♀ а) бы оди́н биле́т на кругово́й маршру́т в ... часо́в.** ja chatjél(♀ a) by adín biljét na krugavój marschrút w ... tschißóf.
An welcher Anlegestelle liegt die ...?	**У како́го прича́ла нахо́дится ...?** u kakówa pritschála nachóditza ...?
Ich suche die Kabine Nummer ...	**Я ищу́ каю́ту но́мер ...** ja ischú kajútu nómir ...
Kann ich eine andere Kabine bekommen?	**Могу́ ли я получи́ть другу́ю каю́ту?** magú li ja palutschítj drugúju kajútu?

Weitere Wörter

Anlegestelle	**прича́л** pritschál
Autofähre	**автомоби́льный паро́м** aftamabílnyj paróm
Dampfer	**теплохо́д** tiplachót
Deck	**па́луба** páluba
Klimaanlage	**кондиционе́р** kanditzianér
Liegestuhl	**шезло́нг** schyslónk
Rettungsboot	**спаса́тельная ло́дка** ßpaßátilnaja lótka
Rettungsring	**спаса́тельный круг** ßpaßátilnyj kruk
Rundfahrt	**кругово́й маршру́т** krugavój marschrút
Schiff	**кора́бль** karábl

Schifffahrts-gesellschaft	**судохóдная компáния** ßudachódnaja kampánija
Schwimmweste	**спасáтельный жилéт** ßpaßátilnyj schyljét
Sonnendeck	**сóлнечная пáлуба** ßólnitschnaja páluba
Speisesaal	**ресторáн** rißtarán
Tragflächenboot	**сýдно на подвóдных крыльях** ßúdna na padwódnych krýljich

Auto & Motorrad

Vermietung

Ich möchte ... mieten.	**Я хотéл(♀ а) бы взять напрокáт ...** ja chatjél(♀ a) by wsjatj naprakát ...
... ein Auto (mit Automatik)	**... машúну (с автоматúческой корóбкой передáч).** ... maschýnu (ßaftamatítschißkaj karópkaj piridátsch).
... einen Gelände-wagen	**... внедорóжник.** ... wnidaróschnik .
... ein Moped	**... мопéд.** ... mapét.
... ein Motorrad	**.. мотоцúкл.** ... matatzýkl.
... ein Wohnmobil	**... жилóй прицéп.** ... schylój pritzép.
Ich möchte es für ... mieten.	**Я хотéл(♀ а) бы взять это напрокáт на ...** ja chatjél(♀ a) by wsjatj äta naprakát na ...
... morgen	**... зáвтра.** ... sáftra.
... einen Tag	**... одúн день.** ... adín djen.
... zwei Tage	**... два дня.** ... dwa dnja.
... eine Woche	**... однý недéлю.** ... adnú nidélu.

Wie viel kostet das?	**Ско́лько э́то сто́ит?** ßkólka ắta ßtó-it?
Wie viele Kilometer sind im Preis enthalten?	**Ско́лько киломе́тров включены́ в це́ну?** ßkólka kilamétraf fkljutschiný ftzänu?
Was muss ich tanken?	**Каки́м бензи́ном мне ну́жно заправля́ться?** Kakím binsínam mnje núschna saprawlátza?
Ist eine Vollkaskoversicherung eingeschlossen?	**Включена́ ли в це́ну по́лная страхо́вка маши́ны?** fkljutschiná li ftzänu pólnaja ßtrachófka maschýny?
Kann ich das Auto auch in ... abgeben?	**Могу́ ли я верну́ть маши́ну в ...?** magú li ja wirnútj maschýny w ...?
Bis wann muss ich zurück sein?	**До како́го сро́ка я ♂ до́лжен / ♀ должна́ верну́ться наза́д?** da kakówa ßróka ja ♂ dólschyn / ♀ dalschná wirnútza nasát?
Haben Sie einen Kinderautositz?	**У Вас есть де́тское автокре́сло для прока́тного автомоби́ля?** u waß jeßtj djétzkaje aftakréßla dlja prakátnawa aftamabílja?
Bitte geben Sie mir auch einen Sturzhelm.	**Да́йте мне, пожа́луйста, та́кже шлем.** daite mnje, paschálußta, tákschy schljem.
Haben Sie eine Straßenkarte?	**Нет ли у Вас доро́жной ка́рты?** Njet li u waß daróschnaj kárty?

Fragen nach dem Weg

Entschuldigung, wo ist ...?
Извини́те, где нахо́дится ...?
iswiníti, gdje nachóditza ...?

Wie komme ich nach ...?
Как мне дое́хать до ...?
kak mnje dajéchatj da ...?

Wie komme ich zu ...?
Как мне дое́хать до ...?
kak mnje dajéchatj da ...?

Können Sie mir das auf der Karte zeigen?
Вы не могли́ бы показа́ть мне э́то на ка́рте?
wy ni maglí by pakasátj mnje äta na kárti?

Wie weit ist es?
Как далеко́ э́то? kak dalikó äta?

Ist das die Straße nach ...?
Э́то доро́га в направле́нии ...?
äta daróga wnaprawlénii ...?

Wie komme ich zur Autobahn nach ...?
Как мне вы́ехать на автомагистра́ль на ...?
kak mnje wýjichatj na aftamagißtrál na ...?

Das könnten Sie hören:

◂ К сожале́нию, я э́того не зна́ю.
kßaschylénju ja ätawa ni snáju.
Tut mir leid, das weiß ich nicht.

◂ Пе́рвая у́лица ...
pérwaja úlitza ...
Die erste Straße ...

◂ Втора́я у́лица ...
ftarája úlitza ...
Die zweite Straße ...

... нале́во. ... naléwa.
... links.

... напра́во.
... napráwa.
... rechts.

Das könnten Sie hören:

◂На слéдующем светофóре ...
na ßléduschim ßwitafóri ...
An der nächsten Ampel ...

◂На слéдующем перекрёстке ...
na ßléduschim pirikrjóßtki ...
An der nächsten Kreuzung ...

◂Потóм ещё раз спроси́те.
patóm jeschó raß ßpraßíti.
Dann fragen Sie noch einmal.

An der Tankstelle

Wo ist die nächste Tankstelle?
Где ближáйшая запрáвочная стáнция?
gdje blischáischaja sapráwatschnaja ßtántzyja?

Wie weit ist es zur nächsten Tankstelle?
Как далекó до ближáйшей запрáвочной стáнции?
kak dalikó da blischáischij sapráwatschnaj ßtántzy-i?

Wo gibt es eine Ladestation für Elektrofahrzeuge?
Где стáнция зарядки электромоби́лей?
Gde ßtántzyja sarjádki elektramabílij?

Bitte für ... Rubel ...
На ... рублéй ..., пожáлуйста.
na ... rubléj ..., paschálußta.

... Benzin bleifrei.
... неэтили́рованного бензи́на
... ni-ätilírawanawa binsína

... Diesel.
... ди́зельного тóплива
... dísilnawa tópliwa

... Super bleifrei.
... неэтили́рованного бензи́на АИ-95
... ni-ätilírawanawa binsína a-i diwinóßta pjatj

... Zweitaktmischung.	**... сме́си для двухта́ктного дви́гателя** ... ßméßi dlja dwuchtáktnawa dwígatilja
Bitte volltanken.	**Запра́вьте, пожа́луйста, по́лный бак.** sapráfte, paschálußta, pólny bak.
Ich möchte ... Öl.	**Мне ... ма́сла.** mnje ... máßla.
... 1 Liter	**... ну́жен оди́н литр** ... núschin adín litr
... 2 Liter	**... нужны́ два ли́тра** ... nuschný dwa lítra
Bitte einen Öl-wechsel.	**Смени́те, пожа́луйста, ма́сло.** ßminíti, paschálußta, máßla.

Panne

Ich habe kein Benzin mehr.	**У меня́ ко́нчился бензи́н.** u minjá kóntschilßa binsín.
Können Sie mir Starthilfe geben?	**Вы не могли́ бы прикури́ть дви́гатель?** wy ni maglí by prikurítj dwígatilj?
Ich habe eine ...	**У меня́ ...** u minjá ...
... Reifenpanne.	**... ло́пнула покры́шка.** ... lópnula pakrýschka.
... Motorpanne.	**... слома́лся мото́р.** ... ßlamálßa matór.

Info

Außer Diesel gibt es in Russland Benzin mit unterschiedlicher Oktanzahl: АИ 98, АИ 95 und АИ 92. Tanken Sie nach Möglichkeit АИ 98 oder АИ 95 je nach Spezifikationen des Wagens. Einige Tankstellen bieten sogar Ökosorten э́кстра (ǻkßtra) an.

Könnten Sie ...	**Не могли́ бы Вы ...** ni maglí by wy ...
... meinen Wagen abschleppen?	**... отбукси́ровать мою́ маши́ну?** ... atbukßírawatj majú maschýnu?
... mich ein Stück mitnehmen?	**... меня́ немно́го подвезти́?** ... minjá nimnóga padwißtí?
... mir einen Abschleppwagen schicken?	**... присла́ть мне автомоби́ль для букciро́вки?** ... prißlátj mnje aftamabíl dlja bukßirófki?
Können Sie mir bitte ... leihen?	**Вы мне не одолжи́те ...?** wy mnje ni adalschýte ...?

Werkzeug und Flickzeug

Draht	**про́волока** prówalaka
Kabel	**ка́бель** kábil
Kreuzschlüssel	**бало́нный ключ** balónyj klutsch
Schmirgelpapier	**нажда́чная бума́га** naschdátschnaja bumága
Schraube	**винт** wint
Schraubenschlüssel	**га́ечный ключ** gájitschnyj klutsch
Schraubenzieher	**отвёртка** atwjórtka
Trichter	**воро́нка** warónka
Wagenheber	**домкра́т** damkrát
Werkzeug	**инструме́нты** inßtruménty
Zange	**клещи** kléschi

Unfall

Es ist ein Unfall passiert!	**Произошёл несча́стный слу́чай!** pra-isaschól nischáßny ßlútschaj!
Rufen Sie bitte schnell ...	**Пожа́луйста, сро́чно вы́зовите ...** paschálußta, ßrótschna wýsawiti ...

... einen Kranken-wagen!	... маши́ну ско́рой по́мощи! ... maschýnu ßkóraj pómaschi!
... die Polizei!	... поли́цию! ... polítzyju!
... die Feuerwehr!	... пожа́рную маши́ну! ... paschárnuju maschýnu!
Bitte helfen Sie mir.	Помоги́те мне, пожа́луйста. pamagíti mnje, paschálußta.
... Personen sind (schwer) verletzt.	... челове́к (тяжело́) пострада́ли. ... tschilawjék (tischyló) paßtradáli.
Ich brauche Verbandszeug.	Мне ну́жен перевя́зочный материа́л. mnje núschyn piriwjásatschnyj matirjiál.
Es ist nicht meine Schuld.	Э́то не моя́ вина́. äta ni majá winá.
Ich möchte, dass wir die Polizei holen.	Я хотел(а ♀) бы вы́звать поли́цию. ja chatél(♀ a)by wýswatj palítzyju.
Ich hatte Vorfahrt.	У меня́ бы́ло пра́во преиму́щественного прое́зда. u minjá býla práwa pri-imúschißtwinawa prajésda.
Sie sind zu dicht aufgefahren.	Вы подъе́хали сли́шком бли́зко. wy padjéchali ßlíschkam blíßka.
Sie sind zu schnell gefahren.	Вы е́хали сли́шком бы́стро. wy jéchali ßlíschkam býßtra.
Bitte geben Sie mir Ihre Versicherung und Ihre Versiche-rungsnummer.	Пожа́луйста, да́йте мне све́дения о Ва́шей страхо́вке. paschálußta, dáiti mnje ßwédinija a wáschej ßtrachófki.

Bitte geben Sie mir Ihren Namen und Ihre Adresse.	**Пожáлуйста, дáйте мне Вáши и́мя и áдрес.** paschálußta, daiti mnje wáschi ímja i ádriß.
Können Sie eine Zeugenaussage machen?	**Вы мóжете дать свидéтельские показáния?** wy móschyti datj ßwidétilßkije pakasánija?

In der Werkstatt

Wo ist die nächste Werkstatt?	**Где ближáйший авторемóнт?** gdje blischáischyj aftarimónt?
Mein Wagen steht (an der Straße nach) ...	**Моя́ маши́на стои́т (в направлéнии) ...** majá maschýna ßta-ít (wnaprawlénii) ...
Können Sie ihn abschleppen?	**Вы не могли́ бы отбукси́ровать мою́ маши́ну?** wy ni maglí by atbukßírawatj majú maschýnu?
Können Sie mal nachsehen?	**Вы не могли́ бы посмотрéть?** wy ni maglí by paßmatrétj?
... funktioniert nicht.	**... не рабóтает.** ... ni rabótajit.
Mein Auto springt nicht an.	**Моя́ маши́на не завóдится.** majá maschýna ni sawóditza.
Die Batterie ist leer.	**Аккумуля́тор сел.** akamuljátar ßjel.
Der Motor klingt merkwürdig.	**Мотóр стрáнно звучи́т.** matór ßtrána swutschít.

Der Motor zieht nicht.	**Мотóр не тя́нет.** matór ni tjánit.
Kann ich mit dem Auto noch fahren?	**Мóжно ли на маши́не ещё éхать?** móschna li na maschýni jeschó jéchatj?
Machen Sie nur die nötigsten Reparaturen.	**Отремонти́руйте тóлько сáмое необходи́мое.** atrimantírujti tólka ßámaje niapchadímaje.
Wie viel wird die Reparatur ungefähr kosten?	**Скóлько приблизи́тельно бýдет стóить ремóнт?** ßkólka priblisítilna búdit ßtó-itj rimónt?
Wann ist es fertig?	**Когдá бýдет готóво?** kagdá búdit gatówa?

Weitere Wörter

Abschleppseil	**буксирóвочный трос** bukßirówatschny troß
Abschleppwagen	**буксирóвочная маши́на** bukßirówatschnaja maschýna
Achse	**ось** oß
Anlasser	**стартёр** ßtartjór
Auffahrunfall	**наéзд** najéßt
Auspuff	**выхлопнáя трубá** wychlapnája trubá
auswechseln	**смени́ть** ßminítj
Auto	**маши́на** maschína
Autobahn	**автомагистрáль** aftamagißtrál
Batterie	**аккумуля́тор** akumuljátar

Benzinkanister ... канистра для бензина kanißtra dla binsína
Bremse ... тормоза́ tarmasá
Bremsflüssigkeit ... тормозна́я жи́дкость tarmasnája schýtkaßtj
Bremslicht ... стоп-сигна́л ßtop ßignál
Dichtung ... прокла́дка praklátka
Ersatzreifen ... запасно́е колесо́ sapaßnóje kalißó
fahren *(Auto steuern)* води́ть wadítj
Feuerlöscher ... огнетуши́тель agnituschítjel
Frostschutzmittel ... антифри́з antifríß
Führerschein ... води́тельское удостовере́ние wadítilßkaji udaßtawirénije
Gang ... ско́рость ßkóraßtj
Getriebe ... коро́бка переда́ч karópka piridátsch
Glühbirne ... ла́мпочка lámpatschka
grüne Versicherungskarte зелёная страхова́я ка́рточка siljónaja ßtrachawája kártatschka
Handbremse ... ручно́й то́рмоз rutschnój tórmaß
Heizung ... отопле́ние ataplénije
Hupe ... сигна́л ßignál
kaputt ... сло́ман ßloman
Katalysator ... катализа́тор katalisátar
Keilriemen ... клинов́ой реме́нь klinawój rimjén
Kindersitz ... де́тское автокре́сло djétzkaje aftakréßla
Klimaanlage ... кондиционе́р kanditzianér
Kotflügel ... грязезащи́тное крыло́ grjasisaschítnaje kryló
Kreisverkehr ... кругово́й перекрёсток krugawój pirikrjóßtak
Kühler ... радиа́тор radiátar
Kühlwasser ... охлажда́ющая жи́дкость achlaschdájuschaja schýtkaßtj

Kupplung	**сцепле́ние** ßtzyplénije
Kurve	**поворо́т** pawarót
Lack	**лак** lak
Landstraße	**шоссе́** schaßä
Leerlauf	**холосто́й ход** chalaßtój chot
Lenkung	**управле́ние** uprawlénije
Licht	**свет** ßwjet
Lichtmaschine	**генера́тор** ginirátar
Luftfilter	**возду́шный фи́льтр** wasdúschnyj fíltr
Motor	**мото́р** matór
Motorhaube	**капо́т** kapót
Motoröl	**маши́нное ма́сло** maschýnaje máßla
Motorrad	**мотоци́кл** matatzíkl
Ölwechsel	**сме́на ма́сла** ßmjéna máßla
Parkhaus	**гара́ж** garásch
Parkplatz	**автостоя́нка** aftaßtajánka
Parkuhr	**парко́вочные часы́** parkówatschnyje tschißý
Parkverbot	**стоя́нка запрещена́** ßtajánka saprischiná
Rad	**колесо́** kalißó
Reifen	**ши́на** schýna
Reifendruck	**давле́ние в ши́нах** dawljénije fschýnach
Reparatur	**ремо́нт** rimónt
Reservereifen	**запасно́е колесо́** sapaßnóje kalißó
Rücklicht	**за́дняя фа́ра** sádnija fára
Rückspiegel	**зе́ркало за́днего ви́да** sérkala sádniwa wída
Schalter	**переключа́тель** piriklutschátil
Scheibenwischer	**дво́рник** dwórnik
Scheibenwischer-blätter	**рези́новые щётки дво́рника** risínawyje schótki dwórnika
Scheinwerfer	**фа́ра** fára

Schiebedach ... раздвижная крыша
rasdwischnája krýscha
Schneeketten ... цепи противоскольжения
tzépi pratiwa-ßkalschénija
Schutzbrief ... страховые письма ßtrachawýje píßma
Sicherheitsgurt ... ремень безопасности
rimjén bisapáßnaßti
Sicherung ... предохранитель pridachranítjel
Spiegel ... зеркало sérkala
Starter ... стартёр ßtartjór
Starthilfekabel ... провода для прикуривания
prawadá dlja prikúriwanija
Stoßdämpfer ... амортизатор amartisátar
Stoßstange ... бампер bámpir
Tankstelle ... заправочная станция
sapráwatschnaja ßtántzyja
Unfall ... авария awárija
Unfallprotokoll ... протокол аварии pratakól awári
Ventil ... клапан klápan
Verbandskasten ... аптечка aptétschka
Vergaser ... карбюратор karbjurátar
Vorfahrt ... право преимущественного проезда
práwa pri-imúschißtwinawa prajésda
Warndreieck ... знак аварийной остановки
snak awarínaj aßtanófki
Werkstatt ... автомастерская aftamaßtirßkája
Zeuge/Zeugin ... свидетель, свидетельница
ßwidétjel, ßwidétiljnitza
Zündkabel ... провод зажигания
prówat saschygánija
Zündkerze ... свеча зажигания ßwitschá saschygánija
Zündung ... зажигание saschygánije
Zusammenstoß ... столкновение ßtalknawénije

Erste Kontakte

... die wichtigsten Sätze

Guten Morgen!	**До́брое у́тро!** dóbraje útra!
Guten Tag!	**До́брый день!** dóbry djen!
Guten Abend!	**До́брый ве́чер!** dóbry wétscher!
Hallo!	**Приве́т!** priwjét!
Tschüs!	**Пока́!** paká!
Wie geht's?	**Как дела́?** kak dilá?
Danke, gut. *▸Sich begrüßen, S. 58*	**Спаси́бо, хорошо́.** ßpaßíba, charaschó.
Wie heißen Sie?	**Как Вас зову́т?** Kak waß sawút?
Ich heiße ...	**Меня́ зову́т ...** minjá sawút ...

Treffen wir uns heute Abend?

Мы встре́тимся сего́дня ве́чером?
my fßtrétimßa ßiwódnja wétschiram?

Wollen wir heute Abend zusammen essen?

Дава́йте сего́дня ве́чером вме́сте поу́жинаем?
dawáiti ßiwódnja wétschiram wméßti pa-ú͵ynajim?

Sehr gerne.	**С удово́льствием.** ßudawólßtwijem.

Es tut mir leid, aber ich kann nicht.

К сожале́нию, я не могу́.
kßa͵ylénju, ja ni magú.

Sehen wir uns noch einmal?

‣Sich kennenlernen, S. 60

Мы увидимся ещё раз?
my uwídimßa jischó raß?

Sprechen Sie Deutsch?

Вы говорите по-немецки?
wy gawaríti pa-nimjétzki?

Sprechen Sie bitte etwas langsamer.

Говорите, пожалуйста, медленнее.
gawaríti, pa‚álußta, médlinije.

Ich habe das nicht verstanden.

‣Sich verständigen, S. 58

Я это не ♂ понял / ♀ поняла.
ja äta ni ♂ pónil / ♀ panilá.

Vielen Dank. **Большое спасибо.** balschóje ßpaßíba.

Bitte, ... **Пожалуйста, ...** pa‚álußta, ...

Danke, gerne. **Спасибо, охотно.** ßpaßíba, achótna.

Entschuldigen Sie! **Извините!** iswiníti!

Können Sie mir bitte helfen?

Вы не могли бы мне помочь?
wy ni maglí by mnje pamótsch?

Wie schade! **Как жаль!** kak ‚ál!

Das gefällt mir. **Это мне нравится.** äta mnje nráwitza.

Das gefällt mir nicht. **Мне это не нравится.** mnje äta ni nráwitza.

‣Höfliche Wendungen, S. 65

Sich verständigen

Sprechen Sie Deutsch?	Вы говори́те по-неме́цки? wy gawaríti pa-nimjétzki?
Spricht hier jemand ...	Здесь кто́-нибудь говори́т ... sdjeß któ-nibutj gawarít ...
... Deutsch?	... по-неме́цки? ... pa-nimjétzki?
... Englisch?	... по-англи́йски? ... pa-anglíjßki?
Haben Sie verstanden?	Вы по́няли? wy pónili?
Ich habe verstanden.	Я ♂ по́нял / ♀ поняла́. ja ♂ pónil / ♀ panilá.
Ich habe das nicht verstanden.	Я э́то не ♂ по́нял / ♀ поняла́. ja äta ni ♂ pónil / ♀ panilá.
Sprechen Sie bitte etwas langsamer.	Говори́те, пожа́луйста, ме́дленнее. gawaríti, paschálußta, médlinije.
Könnten Sie das bitte wiederholen?	Вы не могли́ бы э́то повтори́ть? wy ni maglí by äta paftarítj?
Könnten Sie es mir bitte aufschreiben?	Вы не могли́ бы мне э́то написа́ть? wy ni maglí by mnje äta napißátj?

Sich begrüßen

Guten Morgen!	До́брое у́тро! dóbraje útra!
Guten Tag!	До́брый день! dóbry djen!
Guten Abend!	До́брый ве́чер! dóbry wétscher!

Gute Nacht!	**Спокóйной нóчи!** ßpakójnaj nótschi!
Hallo!	**Привéт!** priwjét!
Wie geht's?	**Как делá?** kak dilá?
Wie geht es Ihnen | dir?	**Как у Вас | у тебя́ делá?** kak u waß | u tibjá dilá?
Danke, gut. Und Ihnen | dir?	**Спаси́бо, хорошó. А у Вас | у тебя́?** ßpaßíba, charaschó. A u wáß | u tibjá?
Es tut mir leid, aber ich muss jetzt gehen.	**К сожалéнию, мне нáдо идти́.** kßaschilénju, mnje náda ití.
Auf Wiedersehen!	**До свидáния!** da ßwidánja!
Bis bald!	**До скóрого!** da ßkórawa!
Tschüs!	**Покá!** paká!
Schön, Sie | dich kennengelernt zu haben.	**Бы́ло прия́тно с Вáми | с тобóй познакóмиться.** býla prijátna ßwámi | ßtabój pasnakómitza.
Vielen Dank für den netten ...	**Спаси́бо за прия́тный ...** ßpaßíba sa prijátny ...
... Abend.	**... вéчер.** ... wétschir.
... Tag.	**... день.** ... djen.

Info

Neben den Grußformeln **Дóброе ýтро!** (dóbraje útra), **Дóбрый день!** (dóbryj denj) und **Дóбрый вéчер!** (dóbryj wétschir) können Sie für formelle und neutrale Anlässe unanhängig von der Tageszeit den Gruß **Здрáвствуйте!** (sdráßtwujti) verwenden sowie umgangssprachlich **Привéт!** (priwét).

Sich kennenlernen

Sich bekannt machen

Wie heißen Sie | heißt du?	Как Вас | тебя́ зову́т? kak waß | tibjá sawút?
Ich heiße ...	Меня́ зову́т ... minjá sawút ...
Darf ich Ihnen ... vorstellen?	Позво́льте предста́вить, э́то ... paswólti pritßtáwitj, äta ...
... mein Partner.	... мой спу́тник жи́зни ... moj spútnik schísni
... meine Partnerin	... моя́ спу́тница жи́зни ... majá spútnitza schísni
... meinen Mann	... мой муж. ... moj musch.
... meine Frau	... моя́ жена́. ... majá schyná.
... meinen Freund	... мой друг. ... moj druk.
... meine Freundin	... моя́ подру́га. ... majá padrúga.
Woher kommen Sie | kommst du?	Отку́да Вы | ты? atkúda wy | ty?
Ich komme aus ...	Я ... ja ...
... Deutschland.	... из Герма́нии. ... is girmánii.
... Österreich.	... из А́встрии. ... is áfßtrii.
... der Schweiz.	... из Швейца́рии. ... iß schwijtzárii.
Wie alt sind Sie | bist du?	Ско́лько Вам | тебе́ лет? ßkólka wam | tibjé ljet?
Ich bin ... Jahre alt.	Мне ... лет. mnje ... ljet.

Sind Sie verheiratet?	Вы ♂ жена́ты / ♀ за́мужем? wy ♂ schynáty / ♀ sámuschym?
Ich bin ...	Я ... ja ...
... ledig.	... ♂ не жена́т / ♀ не за́мужем. ... ♂ nischynát / ♀ nisámuschym.
... verheiratet.	... ♂ жена́т / ♀ за́мужем. ... ♂ schynát / ♀ sámuschym.
... geschieden.	... ♂ разведён / ♀ разведена́. ... ♂ raswidjón / ♀ raswidiná.
Ich lebe getrennt.	Я живу́ отде́льно от ♂ жены́ / ♀ му́жа. ja schiwu atdélna at ♂ schyný / ♀ múscha.
Haben Sie | Hast du Kinder?	У Вас | тебя́ есть де́ти? u waß | tibjá jeßtj déti?
Was machen Sie | machst du beruflich?	Кем Вы рабо́таете | ты рабо́таешь? kjem wy rabótajiti | ty rabótajisch?
Ich bin ...	Я ... ja ...

Sich verabreden

Wir könnten etwas zusammen machen, wenn Sie möchten | du möchtest.	Мы могли́ бы куда́-нибудь вме́сте пойти́, е́сли Вы хоти́те | ты хо́чешь. my maglí by kudá-nibutj wméßti pajtí, jéßli wy chatíti | ty chótschisch.
Treffen wir uns ...	Мы встре́тимся ... my fßtrétimßa ...
... heute Abend?	... сего́дня ве́чером? ... ßiwódnja wétschiram?
... morgen?	... за́втра? ... sáftra?

Wollen wir heute Abend zusammen essen?	Дава́й | те сего́дня ве́чером вме́сте поу́жинаем? dawái | ti ßiwódnja wétschiram wméßti pa-úschynajim?
Ich möchte Sie | dich einladen.	Я хоте́л(♀ а) бы Вас | тебя́ пригласи́ть. ja chatjél(♀ a) by waß | tibjá priglaßítj.
Möchten Sie | Möchtest du tanzen gehen?	Вы хоти́те | Ты хо́чешь пойти́ потанцева́ть? wy chatíti | ty chótschisch pajtí patantzywátj?
Wann treffen wir uns?	Когда́ мы встре́тимся? kagdá my fßtrétimßa?
Wo treffen wir uns?	Где мы встре́тимся? gdje my fßtrétimßa?
Treffen wir uns doch um ... Uhr.	Дава́йте встре́тимся в ... часов. dawáiti fßtrétimßa w ... tschißóf.
Ich hole Sie | dich um ... Uhr ab.	Я зайду́ за Ва́ми | тобо́й в ... часо́в. ja sajdú sa wámi | tabój w ... tschißóf.
Ich bringe Sie | dich nach Hause.	Я провожу́ Вас | тебя́ домо́й. ja prawaschú waß | tibjá damój.
Ich bringe Sie | dich zur Haltestelle.	Я провожу́ Вас | тебя́ до остано́вки. ja prawaschú waß | tibjá da aßtanówki.
Wie ist Ihre | deine ...	Како́й у Вас | тебя́ ... kakój u waß | tibjá ...
... Handynummer?	... но́мер моби́льного телефо́на? ... nómir mobílnawa tilifóna?
... E-Mail-Adresse?	... электро́нный а́дрес? ... äliktrónnyj ádris?

Sehen wir uns noch einmal?	Мы увидимся ещё раз? my uwídimßa jischó raß?
Sehr gerne.	С удово́льствием. ßudawólßtwijem.
In Ordnung.	Договори́лись. dagawaríliß.
Ich weiß noch nicht.	Я ещё не зна́ю. ja jischó ni snáju.
Vielleicht.	Мо́жет быть. móschyt bytj.
Es tut mir leid, aber ich kann nicht.	К сожале́нию, я не могу́. kßaschylénju, ja ni magú.
Ich habe schon etwas vor.	У меня́ други́е пла́ны. u minjá drugíje plány.

Flirten

Bist du alleine hier?	Ты здесь ♂ оди́н / ♀ одна́? ty sdeßj ♂ adín / ♀ adná?
Ich bin mit ... hier.	Я здесь с ... ja sdeßj ß ...
Darf ich mich zu Ihnen | dir setzen?	Мо́жно к Вам | к тебе́ подсе́сть? móschna kwam | ktibjé patßéßtj?
Sehr gerne.	С удово́льствием. ßudawólßtwijem.
Ich warte auf jemanden.	Я жду кого́-то. ja schdu kawó-ta.
Ich bin mit ... hier.	Я здесь с ... ja sdeßj ß ...
Lassen Sie mich in Ruhe!	Оста́вьте меня́ в поко́е! aßtáfti minjá fpakóje!

Verschwinde!	**Исчéзни!** ischésni!
Hast du ...	**У тебя́ есть ...** u tibjá jeßtj ...
... einen Freund?	**... друг?** ... druk?
... eine Freundin?	**... подру́га?** ... padrúga?
Du bist wunderschön.	**Ты óчень ♂ краси́вый / ♀ краси́вая.** ty ótschin ♂ kraßíwy / ♀ kraßíwaja.
Du hast wunderschöne ...	**У тебя́ óчень краси́вые ...** u tibjá ótschin kraßíwyje ...
... Haare.	**... вóлосы.** ... wólaßy.
... Augen.	**... глазá.** ... glasá.
Du gefällst mir sehr.	**Ты мне óчень нрáвишься.** ty mnje ótschinj nráwischßa.
Ich bin gerne mit dir zusammen.	**Мне нрáвится быть с тобóй вмéсте.** mnje nráwitza bytj ßtabój wméßti.
Kommst du mit zu mir?	**Ты пойдёшь со мнóй ко мне?** ty pajdjósch ßamnój ka mnje?
Kann ich mit zu dir kommen?	**Могу́ ли я пойти́ с тобóй к тебé?** magú li ja pajtí ßtabój k tibé?
Ich mag dich.	**Ты мне ♂ симпати́чен / ♀ симпати́чна.** ty mnje ♂ ßimpatítschin / ♀ ßimpatítschna.
Ich liebe dich.	**Я тебя́ люблю́.** ja tibjá lublú.
Ich möchte mit dir schlafen.	**Я хочу́ с тобóй в постéль.** ja chatschú ßtabój fpastél.

Aber nur mit Kondom.	Но то́лько с презервати́вом. no tólka ßprisirwatíwam.
Wann sehen wir uns wieder?	Когда́ мы сно́ва уви́димся? kagdá my ßnówa uwídimßa?

Höfliche Wendungen

Sehr gut!	Отли́чно! atlítschna!
Großartig!	Великоле́пно! wilikalépna!
Es war | ist sehr schön hier.	Здесь бы́ло | Здесь о́чень хорошо́. sdjeßj býla | sdjeßj ótschin charaschó.
Das gefällt mir.	Э́то мне нра́вится. äta mnje nráwitza.
Sehr gerne.	С удово́льствием. ßudawólßtwijem.
Das ist mir egal.	Мне всё равно́. mnje fßjo rawnó.
Wie schade!	Как жаль! kak schál!
Ich würde lieber ...	Я бы охо́тнее ... ja by achótnije ...
Das gefällt mir nicht.	Мне э́то не нра́вится. mnje äta ni nráwitza.
Das möchte ich lieber nicht.	Мне бы э́того не хоте́лось. mnje by ätawa ni chatjélaß.
Auf keinen Fall.	Ни в ко́ем слу́чае. ni fkójem ßlútschiji.
Das ist sehr ärgerlich.	Э́то о́чень доса́дно. äta ótschin daßádna.

Darf ich?	**Мóжно?** móschna?
Bitte, ...	**Пожáлуйста, ...** paschálußta, ...
Danke, gerne.	**Спаси́бо, охóтно.** ßpaßíba, achótna.
Nein, danke.	**Нет, спаси́бо.** njet, ßpaßíba.
Danke, gleichfalls!	**Спаси́бо, Вам тóже!** ßpaßíba, wam tósche!
Vielen Dank.	**Большóе спаси́бо.** balschóje ßpaßíba.
Vielen Dank, das ist sehr nett von Ihnen.	**Большóе спаси́бо, э́то óчень ми́ло с Вáшей стороны́.** balschóje ßpaßíba, äta ótschin míla ßwáschyj ßtaraný.
Gern geschehen.	**Не стóит благодáрности.** ni ßtó-it blagadárnaßti.
Entschuldigen Sie!	**Извини́те!** iswiníti!
Tut mir leid, dass ich mich verspätet habe.	**Прошу́ прощéния за опоздáние.** praschú praschénija sa apasdánije.
Das tut mir leid.	**Мне óчень жаль.** mnje ótschin schal.
Macht nichts!	**Ничегó стрáшного!** nitschiwó stráschnawa!
Das war ein Missverständnis.	**Произошлó недоразумéние.** pra-isaschló nidarasuménije.

Weitere Wörter

Deutsch	Russisch	Aussprache
Adresse	áдрес	ádriß
allein	♂ оди́н / ♀ одна́	♂ adín / ♀ adná
Beruf	профе́ссия	prafeßija
bitte	пожа́луйста	paschálußta
Bruder	брат	brat
danke	спаси́бо	ßpaßíba
einladen	приглаша́ть	priglaschátj
erfreut	♂ рад / ♀ ра́да	♂ rat / ♀ ráda
essen gehen	пойти́ в рестора́н	pajtí wristarán
Foto	фо́то	fóta
Frau	же́нщина	schénschina
Frau *(Anrede)*	госпожа́	gaßpaschá
Frau *(Ehefrau)*	жена́	schyná
Freundin	подру́га	padrúga
Freund	друг	druk
Geschwister	бра́тья и сёстры	brátja i ßjóßtryi
heißen	звать	swatj
ich heiße	меня́ зову́т	minjá sawút
Herr *(Anrede)*	господи́н	gaßpadín
Junge	ма́льчик	máltschik
kennenlernen	познако́миться	pasnakómitza
Kind	ребёнок	ribjónak
Kondom	презервати́в	prisirwatíf
Land	страна́	ßtraná
Mädchen	де́вочка	déwatschka
Mann *(Ehemann)*	муж	musch
Mann	мужчи́на	muschína
Mutter	мать	matj
Schule	шко́ла	schkóla
Schwester	сестра́	ßißtrá
Sohn	сын	ßyn

sprechen	говори́ть gawarítj
Stadt	го́род górat
Student	студе́нт ßtudjént
Studentin	студе́нтка ßtudjéntka
studieren	учи́ться в ву́зе utschítza w-wúsi
tanzen gehen	пойти́ потанцева́ть pajtí patantzywátj
Tochter	дочь dotsch
sich treffen	встреча́ться fßtritschátza
Urlaub	о́тпуск ótpußk
Vater	оте́ц atjétz
verheiratet	♂ жена́т / ♀ за́мужем ♂ schynát / ♀ sámuschym
verlobt	♂ помо́лвлен / ♀ -а ♂ pamólwlin / ♀ -a
Verlobte	неве́ста niwéßta
Verlobter	жени́х schyních
sich verabreden	договори́ться о встре́че dagawáritza a fßtrétschi
verstehen	понима́ть panimátj
warten	ждать schdatj
wiederkommen	сно́ва прийти́ ßnówa prijtí
wiedersehen	сно́ва уви́деться ßnówa uwíditza

Übernachten

... die wichtigsten Sätze

Haben Sie ein Doppelzimmer frei?
У Вас есть двухме́стный но́мер?
U waß jeßtj dwuchméßnyj nómir?

Wie viel kostet es?
Ско́лько э́то сто́ит?
ßkólka ǻta ßtó-it?

Kann ich mir das Zimmer ansehen?
Мо́жно посмотре́ть но́мер?
móschna paßmatrétj nómir?

Gibt es WLAN auf den Zimmern?
Есть ли в номера́х Wi-Fi?
jeßtj li wnamirách wajfáj?

Wie lautet der WLAN-Schlüssel?
Како́й паро́ль для Wi-Fi?
Kakój parólj dlja wajfája?

Wann gibt es Frühstück?
В кото́ром часу́ за́втрак?
fkatóram tschißú sáftrak?

Bitte den Schlüssel für Zimmer ...
Пожа́луйста, ключ от но́мера ...
paschálußta, klutsch at nómira ...

Machen Sie bitte die Rechnung fertig.
Пригото́вьте, пожа́луйста, счёт.
prigatófti, paschálußta, schjot.

Es war sehr schön hier.
▸Hotel, S. 72
Здесь было очень хорошó.
sdjeß býla ótschin charaschó.

Wir haben die Wohnung ... gemietet.
Мы арендовáли квартúру ...
my arindawáli kwartíru ...

Wo bekommen wir die Schlüssel?
Где мы мóжем получúть ключú?
gde my móschim polutschítj kljutschí?

Wir brauchen noch Geschirrtücher.
▸Ferienwohnung, S. 76
Не моглú бы мы получúть запасны́е полотéнца для посýды.
ni maglí by my palutschítj sapaßnýji paladénza dlja paßúdy.

Wo können wir unser Zelt aufstellen?
Где мы мóжем разбúть нáшу палáтку?
gdje my móschim rasbíitj náschu palátku?

Wo sind die Waschräume?
Где нахóдятся душевы́е?
Gdje nachódjatza duschiwýji?

Gibt es hier Stromanschluss?
▸Camping, S. 77
Здесь есть подключéние к электросéти?
sdeßj jeßtj padkljutschénije k älektroséti?

Hotel

Ankunft

Ich habe ein Zimmer reserviert auf den Namen ...	Я заброни́ровал(♀ а) но́мер на и́мя ... ja sabraníraval(♀ a) nómir na ímja ...
Haben Sie ein Einzelzimmer frei?	У Вас есть одноме́стный но́мер? U waß jeßtj adnaméßnyj nómir?
Haben Sie ein Doppelzimmer frei ...	У Вас есть двухме́стный но́мер ... U waß jeßtj dwuchméßnyj nómir ...
... für eine Nacht?	... на одну́ ночь? ... na adnú notsch?
... für ... Nächte?	... на ... ночи? ... na ... nótschi?
... mit Bad?	... с ва́нной? ... ßwánai?
... mit Balkon?	... с балко́ном? ... sbalkónam?
... mit Klimaanlage?	... с кондиционе́ром? ... ßkanditzianjéram?
... mit Ventilator?	... с вентиля́тором? ... ßwintilátaram?
... mit Blick aufs Meer?	... с ви́дом на мо́ре? ... ßwídam namóri?
... nach hinten hinaus?	... с о́кнами во двор? ... ßóknami wadwór?

Das könnten Sie hören:

◄ К сожале́нию, мест нет.
kßaschiléni-ju, mjeßt njet.
Wir sind leider ausgebucht.

Wie viel kostet es ...	Ско́лько э́то сто́ит ... ßkólka äta ßtó-it ...
... mit Frühstück?	... с за́втраком? ... s-sáftrakam?

... mit Halbpension?	... с полупансио́ном? ... ßpolupanßiónam?
... mit Vollpension?	... с по́лным пансио́ном? ... ßpólnym panßiónam?
Gibt es für ... Nächte eine Ermäßigung?	Есть ли ски́дка на ... ноче́й? jeßtj li ßkítka na ... natschéj?
Gibt es WLAN auf den Zimmern?	Есть ли в номера́х Wi-Fi? jeßtj li wnamirách wáifai?
Brauche ich ein Passwort?	Мне ну́жен паро́ль? mnje núschyn paról?
Wie lautet der WLAN-Schlüssel?	Како́й паро́ль для Wi-Fi? Kakój parólj dlja wajfája?
Kann ich mir das Zimmer ansehen?	Мо́жно посмотре́ть но́мер? móschna paßmatrétj nómir?
Haben Sie noch ein anderes Zimmer?	У Вас есть друго́й но́мер? u waß jeßtj drugój nómir?
Es ist sehr schön. Ich nehme es.	Э́тот но́мер мне нра́вится. Я беру́ его́. ätat nómir mnje nráwitza. ja birú jiwó.

Info

Die russische Etagenzählung unterscheidet sich von der deutschen. Erdgeschoss heißt auf Russisch пе́рвый эта́ж (pjérwyj ätásch) »erste Etage«, unsere erste Etage ist auf Russisch второ́й эта́ж (ftarój ätásch) »zweite Etage« usw.

Könnten Sie ein zusätzliches Bett aufstellen?	**Вы не моглѝ бы постáвить ещё однý кровáть?** wy ni maglí by paßtáwitj jischó adnú krawátj?
Könnten Sie ein Kinderbett aufstellen?	**Вы не моглѝ бы постáвить дéтскую кровáтку?** wy ni maglí by paßtáwitj djétzkuju krawátku?
Können Sie mein Gepäck aufs Zimmer bringen?	**Вы не моглѝ бы отнестѝ мой багáж в нóмер?** wy ni maglí by atnißtí moj bagásch wnómir?
Wann gibt es Frühstück?	**В котóром часý зáвтрак?** fkatóram tschißú sáftrak?
Wo ist der Speisesaal?	**Где нахóдится рестoрáн?** gdje nachóditza rißtarán?
Haben Sie eine Schlüsselkarte für mich?	**У Вас есть ключ-кáрта?** U waß jeßtj kljutsch-kárta?

Service

Bitte den Schlüssel für Zimmer ...	**Пожáлуйста, ключ от нóмера ...** paschálußta, kljutsch at nómira ...
Ist eine Nachricht für mich da?	**Есть ли для менá какóе-лѝбо сообщéние?** jeßtj li dlja minjá kakóje-líba ßa-apschénije?

Kann ich Ihnen meine Wertsachen zur Aufbewahrung geben?
Мо́жно сдать на хране́ние це́нные ве́щи?
mósсhna sdatj na chranjénije tzänyji wéschi?

Ich möchte meine Wertsachen abholen.
Я хоте́л(♀ а) бы забра́ть мои́ це́нные ве́щи.
ja chatjél(♀ a) by sabrátj ma-í tzänyje wéschi.

Kann ich bitte noch ... haben?
Можно попроси́ть ещё ...
mósсhna papraßítj jischó ...

... eine Decke
... одно́ одея́ло? ... adnó adijála?

... ein Handtuch
... одно́ полоте́нце? ... adnó palaténtzy?

... ein paar Kleiderbügel
... па́ру ве́шалок? ... páru wéschalak?

... ein Kopfkissen
... одну́ поду́шку? ... adnú padúschku?

Es kommt kein (warmes) Wasser.
Нет (тёплой) воды́.
njet (tjóplaj) wadý.

... ist schmutzig.
... гря́зный. ... grjásnyo.

... funktioniert nicht.
... не рабо́тает. ... ni rabótajit.

Der Wasserhahn tropft.
Из кра́на ка́пает вода́.
iß krána kápajit wadá.

Der Abfluss ist verstopft.
Слив засори́лся. ßlif saßarílßa.

Ich habe mich aus meinem Zimmer ausgesperrt.
У меня́ захло́пнулась дверь, а ключ оста́лся в но́мере.
u minjá sachlópnulaß dwer, a kljutsch astálßa wnómiri.

Abreise

Wir reisen morgen ab.	Мы за́втра уезжа́ем. my sáftra ujischájim.
Machen Sie bitte die Rechnung fertig.	Пригото́вьте, пожа́луйста, счёт. prigatófti, paschálußta, schjot.
Es war sehr schön hier.	Здесь бы́ло о́чень хорошо́. sdjeß býla ótschin charaschó.
Bis wann muss man auschecken?	До кото́рого ча́са ну́жно освободи́ть но́мер? da katórawa tscháßa núschna aßwabadítj nómir?
Kann ich später auschecken?	Могу́ ли я попо́зже освободи́ть но́мер? magú li ja papóschi aßwabadítj nómir?
Kann ich mein Gepäck noch bis ... Uhr hierlassen?	Могу́ ли я оста́вить свой бага́ж до ... часо́в? magú li ja aßtáwitj ßwoj bagásch da ... tschißóf?
Rufen Sie bitte ein Taxi.	Вы́зовите, пожа́луйста, такси́. wýsawiti, paschálußta, takßí.

Ferienwohnung

Wir haben die Wohnung ... gemietet.	Мы арендова́ли кварти́ру ... my arindawáli kwartíru ...
Wo bekommen wir die Schlüssel?	Где мы мо́жем получи́ть ключи́? gde my móschim polutschítj kljutschí?
Wir brauchen noch ...	Не могли́ бы мы получи́ть ... ni maglí by my palutschítj ...

... Bettwäsche.	... запасно́е посте́льное бельё. ... sapaßnóje paßtélnaje bil-jó.
... Geschirrtücher.	... запасны́е полоте́нца для посу́ды. ... sapaßnýji palaténza dlja paßúdy.
Wo ist der Sicherungskasten?	Где нахо́дится блок предохрани́телей? gdje nachóditza blok pridachranítilij?
Erklären Sie uns bitte, wie ... funktioniert?	Не могли́ бы Вы нам объясни́ть, как функциони́рует ... ni maglí by wy nam abjißnítj, kak funkzianírujit ...
... die Spülmaschine	... посудомо́ечная маши́на? ... paßudamójitschnaja maschína?
... der Herd	... плита́? ... plitá?
... die Waschmaschine	... стира́льная маши́на? ... ßtirálnaja maschína?
Wo ist ...	Где ... gdje ...
... die nächste Bushaltestelle?	... ближа́йшая авто́бусная остано́вка? ... blischájschaja aftóbußnaja aßtanófka?
... ein Lebensmittelgeschäft?	... продукто́вый магази́н? ... praduktówyj magasín?
... eine Bäckerei?	... бу́лочная? ... búlatschnaja?

Camping

Haben Sie noch Platz für ...?	Име́ется ли у Вас ме́сто для ...? iméjiza li u waß méßta dlja ...?
Wie hoch ist die Gebühr für ...	Какова́ пла́та за ... kakawá pláta sa ...

... einen Pkw mit Wohnwagen?	**... легковóй автомоби́ль с жилы́м прицéпом?** ... lichkawój aftamabíl sschilýmprizépam?
... ein Wohnmobil?	**... автодóм?** ... aftadóm?
... ein Zelt?	**... палáтку?** ... palátku?
... zwei Erwachsene und ... Kinder?	**... двои́х взрóслых и ... детéй?** ... dwaích wsróßlych i ... ditéj?
Vermieten Sie auch ...	**Сдаёте ли Вы в арéнду ...** sdajóti li wy waréndu ...
... Bungalows?	**... коттéджи?** ... katădschy?
... Wohnwagen?	**... жилы́е прицéпы?** ... schilýji prizépy?
Wir möchten einen Tag bleiben.	**Мы бы хотéли останови́ться на оди́н день.** my by chatéli aßtanawítza na adín den.
Wir möchten ... Tage bleiben.	**Мы бы хотéли останови́ться на ... дней.** my by chatéli aßtanawítza na ... dnej.
Wo können wir unser Zelt aufstellen?	**Где мы мóжем разби́ть нáшу палáтку?** gdje my móschim rasbíitj náschu palátku?
Wo sind die ...	**Где нахóдятся ...** Gdje nachódjatza ...
... Waschräume?	**... душевы́е?** ... duschiwýji?
... Toiletten?	**... туалéты?** ... tualéty?
Kann ich hier Gasflaschen ...	**Мóжно ли здесь ... гáзовые баллóны?** móschna li sdeßj ... gásawyji balóny?
... kaufen?	**... купи́ть** ... kupítj
... umtauschen?	**... поменя́ть** ... paminjátj
Gibt es hier Stromanschluss?	**Здесь есть подключéние к электросéти?** sdeßj jeßtj padkljutschénije k älektroséti?

Weitere Wörter

Abfluss .... слив ßlif
abreisen .... уезжáть ujischátj
Adapter .... адáптер adáptär
Anmeldung .... регистрáция rigißtrátzyja
Anzahlung .... предоплáта pridapláta
Appartement .... однокóмнатная квартúра adnakómnatnaja kwartíra
Aschenbecher .... пéпельница pépilnitza
Aufzug .... лифт lift
Badewanne .... вáнна wána
Beanstandung .... претéнзии pritänsii
Bett .... кровáть krawátj
Bettwäsche .... постéльное бельё paßtjélnaje bil-jó
bügeln .... глáдить gláditj
Bungalow .... коттéдж katädsch
Campingplatz .... кéмпинг kämping
Decke .... одеяло adijála
Doppelbett .... двухспáльная кровáть dwuchßpálnaja krawátj
Dusche .... душ dusch
Einzelbett .... односпáльная кровáть adnaßpálnaja krawátj
Empfang .... приёмная prijómnaja
Endreinigung .... убóрка пéред вы́ездом ubórka périd wýjisdam
Etage .... этáж ytásch
Ferienwohnung .... квартúра под ключ kwartíra pat kljutsch
Fernseher .... телевúзор tiliwísar
Foyer .... фойé fajé
Frühstücksbüfett .... швéдский стол schwétßkij ßtol

Frühstücksraum	**ко́мната для за́втрака** kómnata dlja sáftraka
Gaskartusche	**га́зовый балло́н** gásawyj balón
Gaskocher	**га́зовый при́мус** gásawyj prímuß
Geschirr	**посу́да** paßúda
Geschirrtuch	**полоте́нце для посу́ды** palaténtzy dla paßúdy
Glas	**стака́н** ßtakán
Glühbirne	**ла́мпочка** lámpatschka
Hammer	**молото́к** malatók
Handtuch	**полоте́нце** palaténtzy
Hauptsaison	**основно́й сезо́н** aßnawnój ßisón
Hausverwaltung	**домоуправле́ние** dama-uprawlénije
Heizung	**отопле́ние** ataplénije
Herd	**плита́** plitá
Hering	**ко́лышек для прикрепле́ния пала́тки** kólyschik dlja prikripljénija palátki
Hotel	**оте́ль** atél
Internetanschluss	**подключе́ние к Интерне́ту** patklutschénije kinternétu
Isomatte	**тури́стский ко́врик** turístskij kówrik
Kaffeemaschine	**кофева́рка** kofiwárka
Kamin	**ками́н** kamín
kaputt	**сло́ман** ßlóman
Kaution	**зало́г** salók
Kinderbett	**де́тская крова́тка** djétzkaja krawátka
Kleiderbügel	**ве́шалка** wéschylka
Klimaanlage	**кондиционе́р** kanditzianjér
Kocher	**кипяти́льник** kipitílnik
Kopfkissen	**поду́шка** padúschka
Kühlschrank	**холоди́льник** chaladílnik
Lampe	**ла́мпа** lámpa
Leihgebühr	**пла́та за прока́т** pláta sa prakát

Licht .... свет ßwjet
Luftmatratze .... надувной матрáс naduwnój matráß
Matratze .... матрáс matráß
Miete .... плáта за прокáт pláta sa prakát
mieten .... взять напрокáт wsjatj naprakát
Minibar .... мини-бáр minibár
Moskitonetz .... сéтка от комарóв ßétka at kamaróf
Moskitospirale .... спирáль от комарóв ßpirál at kamaróf
Mülleimer .... мýсорное ведрó múßarnaje widró
Netzspannung .... сетевóе напряжéние ßitiwóje naprischénije
Notausgang .... запаснóй вы́ход sapaßnój wýchat
Putzmittel .... срéдство для чи́стки ßrjétßtwa dlja tschíßtki
Rechnung .... счёт schjot
reservieren .... заказáть sakasátj
reserviert .... закáзан sakásan
Rezeption .... стол регистрáции ßtol rigißtrátzi-i
Safe .... сейф ßejf
Schlüssel .... ключ klutsch
Schlüsselkarte .... ключ-кáрта kljutsch-kárta
schmutzig .... грязный grjásnyj
Schrank .... шкаф schkaf
Sicherung .... предохрани́тель pridachranítil
Spiegel .... зéркало sérkala
Spülung .... сливнóй бачóк ßliwnój batschók
Steckdose .... розéтка rasjétka
Stecker .... штéпсель schtắpßil
Stuhl .... стул ßtul
Swimmingpool .... бассéйн baßéjn
Telefon .... телефóн tilifón
Terrasse .... террáса tiráßa
Tisch .... стол ßtol
Toilette .... туалéт tualét

Toilettenpapier	туалéтная бумáга tualétnaja bumága
Trinkwasser	питьевáя водá pit-jiwája wadá
Ventilator	вентилятор wintilátar
Verlängerungskabel	удлини́тель udlinítil
Voranmeldung	предвари́тельная зая́вка pridwarítilnaja sajáfka
Waschbecken	рáковина rákawina
waschen	стирáть ßtirátj
Wäschetrockner	суши́лка для белья́ ßuschílka dlja biljá
Waschmaschine	стирáльная маши́на ßtirálnaja maschína
Waschmittel	стирáльный порошóк ßtirálnyj paraschók
Waschraum	умывáльная кóмната umywálnaja kómnata
Wasser	водá wadá
Wasserhahn	водопровóдный кран wadaprawódny kran
Wohnmobil	жилóй прицéп schylój pritzép
Wohnwagen	автодóм aftadóm
Zelt	палáтка palátka
zelten	разбивáть палáтки rasbiwátj palátki
Zimmer	нóмер nómir

Essen & Trinken

... die wichtigsten Sätze

Einen Tisch für ... Personen bitte.
Один сто́лик на ... челове́к, пожа́луйста.
adín ßtólik na ... tschilawjék, paschálußta.

Ist dieser Platz noch frei?
Э́то ме́сто ещё свобо́дно?
äta méßta jischó ßwabódna?

Ist dieser Tisch noch frei?
Э́тот сто́лик ещё свобо́ден?
ätat ßtólik jischó ßwabódin?

Entschuldigung, wo sind die Toiletten?
▸*Restaurantsuche, S. 102*
Извини́те, где здесь туале́т?
iswiníti, gdje sdjeß tualét?

Die Karte bitte.
Меню́, пожа́луйста.
minjú, paschálußta.

Ich möchte nur etwas trinken.
Я хоте́л(♀ а) бы то́лько что́-нибудь вы́пить.
ja chatjél(♀ a) by tólka schtó-nibutj wýpitj.

Gibt es jetzt noch etwas zu essen?
У Вас мо́жно ещё что́-нибудь пое́сть?
u waß móschna jeschó schtó-nibutj pajéßtj?

Was empfehlen Sie mir?
Что Вы мне посове́туете?
schto wy mnje paßawétujeti?

Ich möchte noch etwas Brot.
Я бы хотéл(♀ а) ещё немнóго хлéба.
ja by chatjél(♀ a) jeschó nimnóga chléba.

Bitte bringen Sie mir noch ...
▸Bestellen, S. 103
Пожáлуйста, принеси́те мне ещё ...
paschálußta, prinißíti mnje jeschó ...

Guten Appetit!
Прия́тного аппети́та!
prijátnawa apitíta!

Danke, gleichfalls!
Спаси́бо, Вам тóже!
ßpaßíba, wam tósche!

Zum Wohl!
На здорóвье! na sdaréwje!

Was ist das?
Чтó это? schtó-äta?

Danke, ich bin satt.
Спаси́бо, я сыт(♀ á).
ßpaßíba, ja ßyt(♀ á).

Danke für die Einladung.
Спаси́бо за приглашéние.
ßpaßíba sa priglaschénije.

Es war ausgezeichnet.
▸Gemeinsam essen, S. 108
Бы́ло отли́чно. býla atlítschna.

Hier fehlt noch ...
▸Reklamieren, S. 109
Здесь ещё не хватáет ...
sdjeß jeschó ni chwatájit ...

Die Rechnung bitte!
Счёт, пожáлуйста!
schjot, paschálußta!

Es stimmt so.
▸Bezahlen, S. 110
Сдáчи не нáдо. sdátschi ni náda.

Зáвтрак sáftrak
Frühstück

бýлочка búlatschka	Brötchen
джем dschäm	Marmelade
какáо kakáo	Kakao
кефи́р kifír	Kefir
кóфе kófe	Kaffee
кóфе с сáхаром kófe ß-ßácharam	Kaffee mit Zucker
кóфе со сли́вками kófe ßa ßlífkami	Kaffee mit Sahne
мáсло máßla	Butter
молокó malakó	Milch
мю́сли mjußli	Müsli
соси́ски ßaßíßki	Würstchen
хлеб chljep	Brot
чай tschai	Tee
чай с варéньем tschai ßwarén-jem	Tee mit Konfitüre
чай с лимóном tschai ßlimónam	Tee mit Zitrone
яи́чница ji-íschnitza	Rührei
яйцó вкрутýю jijtzó fkrutúju	hart gekochtes Ei
яйцó всмя́тку jijtzó fßmjátku	weich gekochtes Ei

Закýски sakúßki
Snacks

бутербрóд buterbrót	belegtes Brot
бутербрóд с ветчинóй buterbrót ßwitschinój	belegtes Brot mit Schinken
бутербрóд с икрóй buterbrót ßykrój	belegtes Brot mit Kaviar
бутербрóд с колбасóй buterbrót ßkalbaßój	belegtes Brot mit Wurst
бутербрóд с крáсной ры́бой buterbrót ßkráßnaj rýbaj	belegtes Brot mit Lachs
бутербрóд с ры́бой buterbrót ßrýbaj	belegtes Brot mit Fisch
бутербрóд с сы́ром buterbrót ß-ßýram	belegtes Brot mit Käse
грибы́ запечённые gribý sapitschónyje	überbackene Pilze
пельмéни запечённые pilméni sapitschónyje	überbackene Pelmeni *(kleine Maultaschen)*
пельмéни по-рýсски pilméni pa-rúßki	Pelmeni *(kleine Maultaschen)*
пéрец фарширóванный péritz farschyrówany	gefüllte Paprikaschote
пирожки́ piraschkí	Pasteten
пирожки́ с капýстой piraschkí ßkapúßtaj	Pasteten mit Kraut

пирожки́ с мя́сом ... Pasteten mit Fleisch
piraschkí ßmjáßam

пирожки́ с пови́длом ... Pasteten mit Marmelade
piraschkí ßpawídlam

пирожки́ с ри́сом ... Pasteten mit Reis
piraschkí ßríßam

Заку́ски и сала́ты sakúßki i ßaláty
Vorspeisen und Salate

ассорти́ мясно́е ... Fleischplatte
aßartí mißnóje

ассорти́ ры́бное ... Fischplatte
aßartí rýbnaje

варёный о́корок ... Kochschinken
warjóny ókarak

кра́сная икра́ ... roter Kaviar
krásnaja ikrá

лососи́на с лимо́ном ... Lachs mit Zitrone
laßaßína ßlimónam

осетри́на заливна́я под майонéзом, с гарни́ром ... Stör in Aspik, mit Mayonnaise und Beilage
aßitrína saliwnája pat majinäsam, sgarníram

сала́т из капу́сты ... Krautsalat
ßalát iß kapúßny

сала́т из помидо́ров ... Tomatensalat
ßalát iß pamidóraf

салáт из свéжих огурцóв ßalát iß ßwéschych agurtzóf	Gurkensalat
салáт с сéльдью ßalát ß-ßéldju	Heringssalat
сёмга с лимóном ßjómga ßlimónam	Salm mit Zitrone
чёрная икрá tschórnaja ikrá	schwarzer Kaviar
шпрóты в мáсле schpróty wmáßli	Sprotten in Öl
язы́к заливнóй jisýk saliwnój	Zunge in Aspik
я́йца под майонéзом jájtza pad majinäsam	Eier mit Mayonnaise

Супы́ ßupý
Suppen

борщ borsch	Borschtsch *(Rote-Bete-Suppe)*
бульóн с яйцóм buljón ßjijtzóm	Brühe mit Ei
кури́ный бульóн kuríny buljón	Hühnerbrühe
окрóшка akróschka	kalte Suppe aus Kwass *(gegorenem Brot)* mit Sauerrahm, Kartoffeln, Frühlingszwiebeln, Gurken und Ei
соля́нка мяснáя ßaljánka mißnája	Soljanka *(Gemüsesuppe)* mit Fleisch

солянка рыбная ßaljánka rýbnaja	Soljanka mit Fisch
суп грибной ßup gribnój	Pilzsuppe
суп овощной ßup avaschnój	Gemüsesuppe
уха uchá	Fischsuppe
щи schi	Kohlsuppe

Мясные блюда mißnýje bljúda
Fleischgerichte

антрекот antrikót	Entrecote
баранина baránina	Lammfleisch
баранина жареная baránina schárinaja	Hammelbraten
бефстроганов bifßtróganaf	Boeuf Stroganoff
бифштекс bifschtékß	Beefsteak
говядина gawjádina	Rindfleisch
говядина по-монастырски в горшочке gawjádina pa-manaßtýrßki wgarschótschki	Rindfleisch im Römertopf mit Kartoffeln und Gemüse
говядина тушёная gawjádina tuschónaja	Schmorbraten
гуляш guljásch	Gulasch
гусятина gußjátina	Gans

жарко́е из свини́ны scharkóje iß-ßwiníny	Schweinebraten
жюлье́н из пти́цы schul-jén iß ptítzy	Hühnergeschnetzeltes
котле́та katléta	Frikadelle
котле́ты по-ки́евски katléty pa-kíjifßki	panierte Frikadellen
ку́рица жа́реная kúritza schárinaja	Brathähnchen
отбивны́е из ягнёнка atbiwnýji is jignjónka	Lammkoteletts
печёнка свина́я pitschónka ßwinája	Schweineleber
ромште́кс ramschtäkß	Rumpsteak
свина́я отбивна́я ßwinája atbiwnája	Schnitzel
теля́тина tilátina	Kalbfleisch
теля́тина в горшо́чке tiljátina wgarschótschki	Kalbfleisch im Römertopf
ути́ная гру́дка utínaja grútka	Entenbrust
шашлы́к schaschlýk	Schaschlik

Ры́ба rýba
Fisch

ка́мбала kámbala	Scholle
карп karp	Karpfen

карп отварно́й karp atwarnój	gekochter Karpfen
копчёная треска́ kaptschónaja trißká	Stockfisch
лосо́сь laßóß	Lachs
осетри́на aßitrína	Stör
осетри́на под бе́лым со́усом aßitrína pad bélym ßóußam	Stör in heller Soße
па́лтус páltuß	Heilbutt
ску́мбрия ßkúmbrija	Makrele
сарди́ны ßardíny	Sardinen
сельдь ßeldj	Hering
суда́к ßudák	Zander
суда́к в бе́лом вине́ ßudák wbélam winjé	Zander in Weißwein
треска́ trißká	Kabeljau
треска́ отварна́я trißká atwarnája	gekochter Kabeljau
туне́ц tunétz	Thunfisch
форе́ль farél	Forelle
форе́ль жа́реная farél schárinaja	gebratene Forelle
щу́ка schjúka	Hecht

Ви́ды приготовле́ния пи́щи

wídy prigatawlénija píschi

Zubereitungsarten

варёный warjónyj	gekocht
во фритю́ре wa fritjúri	frittiert
жа́реный schárinyj	gebraten
запечённый sapitschónyj	überbacken
копчёный kaptschónyj	geräuchert
марино́ванный marinówanyj	eingelegt, mariniert
на гри́ле na gríli	gegrillt
обва́лянный в сухаря́х abwáljinyj fßuharjách	paniert
печёный pitschónyj	gebacken
по-дома́шнему padamáschnimu	hausgemacht
прожа́ренный prascháriny j	durchgebraten
с кро́вью ßkrówju	blutig
сре́дний ßrédnij	medium
тушёный tuschónyj	gedünstet, geschmort
фламби́рованный flambírawanyj	flambiert

Вегетариа́нские блю́да
wigitariánßkije bljúda
Vegetarische Gerichte

кабачко́вые ола́дьи kabatschkówyje aládji	Zucchini-Pfannkuchen
карто́фельные котле́ты с грибны́м со́усом kartófiljnyje katléty ßgribným ßóusam	Kartoffelpuffer mit Pilzsoße

Вега́нские блю́да
wigánßkije bljúda
Vegane Gerichte

гре́чневая ка́ша с лу́ком и гриба́ми grétschniwaja káscha ßlúkam i gribámi	Buchweizenbrei mit Zwiebeln und Pilzen
капу́стные котле́ты (без яиц) kapúßnyje katléty (bis jiítz)	Weißkohlpuffer (ohne Ei)

Гарни́ры garníry
Beilagen

карто́фель kartófil	Kartoffeln
карто́фель жа́реный kartófil schárinyj	Bratkartoffeln
карто́фель отварно́й kartófil atwarnój	Salzkartoffeln
карто́фель фри kartófil fri	Pommes frites
карто́фельное пюре́ kartófilnaje pjurä	Kartoffelpüree
макаро́ны makaróny	Makkaroni
рис riß	Reis

О́вощи ówaschi
Gemüse

баклажа́ны baklascháný	Auberginen
бе́лые грибы́ bélyji gribý	Steinpilze
болга́рский пе́рец balgárßkij péritz	Paprika
горо́х garóch	Erbsen
грибы́ gribý	Pilze
кабачки́ kabatschkí	Zucchini
капу́ста kapúßta	Kohl
кукуру́за kukurúsa	Mais

лиси́чки lißítschki	Pfifferlinge
лук поре́й luk paréj	Lauch
морко́вь markófj	Möhren
свёкла ßwjókla	Rote Bete
стручко́вая фасо́ль ßtrutschkówaja faßól	grüne Bohnen
ты́ква týkwa	Kürbis
цветна́я капу́ста tzwitnája kapúßta	Blumenkohl
шампиньо́ны schampinjóny	Champignons
шпина́т schpinát	Spinat

Мучны́е блю́да mutschnýje bljúda
Mehlspeisen

бли́нчики с тво́рогом blíntschiki ßtwóragam	Pfannkuchen, gefüllt mit Quark
блины́ с варе́ньем bliný ßwarénjem	Pfannkuchen mit Marmelade
блины́ со смета́ной bliný ßa ßmitánaj	Pfannkuchen mit saurer Sahne
пельме́ни pilméni	gekochte Teigtaschen mit Fleischfüllung
пельме́ни со смета́ной pilméni ßa ßmitánaj	gekochte Teigtaschen mit saurer Sahne
сы́рники со смета́ной ßýrniki ßa ßmitánaj	Quarkkeulchen mit saurer Sahne

Десéрт dißjért
Nachtisch

бискви́тный торт bißkwítny tort	Biskuittorte
вани́льное моро́женое wanílnaje maróschynaje	Vanilleeis
ва́фельный торт wáfilny tort	Waffeltorte
кисе́ль kißél	Kaltschale
клубни́чное моро́женое klubnítschnaje maróschynaje	Erdbeereis
компо́т kampót	Kompott
ри́совая ка́ша ríßawaja káscha	Milchreis
моро́женое maróschynaje	Eis
моро́женое с варе́ньем maróschynaje ßwarén-jem	Eis mit Konfitüre
моро́женое со взби́тыми сли́вками (и фру́ктами) maróschynaje ßa wsbítymi ßlífkami (i frúktami)	Eis mit Schlagsahne (und Früchten)
по́нчики póntschiki	Krapfen
торт tort	Torte
фрукто́вое моро́женое fruktówaje maróschynaje	Fruchteis

фруктóвый салáт fruktówyj ßalát ..... Obstsalat

фруктóвый торт fruktówy tort ..... Obsttorte

шоколáдное морóженое schykaládnaje maróschynaje ..... Schokoladeneis

Фрýкты frúkty
Obst

абрикóс abrikóß ..... Aprikose

ананáс ananáß ..... Ananas

апельсúн apilßín ..... Orange

арбýз arbúß ..... Wassermelone

банáн banán ..... Banane

виногрáд winagrát ..... Trauben

грýша grúscha ..... Birne

ды́ня dýnja ..... Honigmelone

инжúр inschír ..... Feige

клубнúка klubníka ..... Erdbeeren

малúна malína ..... Himbeeren

слúва ßlíwa ..... Pflaume

черéшня tscheréschnja ..... Süßkirschen

я́блоко jáblaka ..... Apfel

Алкого́льные напи́тки alkagólnyje napítki
Alkoholische Getränke

армя́нский конья́к armjánßkij kanják	armenischer Weinbrand
бе́лое вино́ bélaje winó	Weißwein
бо́чковое пи́во bótschkawaje píwa	Bier vom Fass
брют brjut	brut
вино́ winó	Wein
ви́ски wíßki	Whisky
вишнёвый ликёр wischnjówy likjór	Kirschlikör
во́дка wótka	Wodka
грузи́нский конья́к grusínßkij kanják	grusinischer Weinbrand
десе́ртное вино́ dißjértnaje winó	Dessertwein
конья́к kanják	Weinbrand
кра́сное вино́ kráßnaje winó	Rotwein
креплёное вино́ kripljónaje winó	durch Zugabe von Alkohol verstärkter Wein (ca. 16% bis 18%)
ликёр likjór	Likör
перцо́вая во́дка pirtzówaja wótka	Pfefferwodka
пи́во píwa	Bier

полусла́дкое polußlátkaje	halbsüß
полусухо́е polußuchóje	halbtrocken
пшени́чная во́дка pschinítschnaja wótka	Wodka aus Weizen
све́тлое пи́во ßwétlaje píwa	helles Bier
сла́дкое ßlátkaje	süß
столо́вое вино́ ßtalówaje winó	Tischwein
сухо́е ßuchóje	trocken
тёмное пи́во tjómnaje píwa	dunkles Bier
чёрносморо́диновый ликёр tschórna-ßmaródinawy likjór	Likör aus schwarzen Johannisbeeren
шампа́нское schampánßkaje	Schaumwein, Sekt

Безалкого́льные напи́тки

bisalkagólnyje napítki

Alkoholfreie Getränke

абрико́совый сок abrikóßawy ßok	Aprikosensaft
апельси́новый сок apilßínawy ßok	Apfelsinensaft

виногра́дный сок winagrádny ßok	Traubensaft
лимона́д limanát	Limonade
минера́льная вода́ minirálnaja wadá	Mineralwasser
молоко́ malakó	Milch
моло́чный кокте́йль malótschny kaktäl	Milchshake
сок ßok	Saft
тома́тный сок tamátny ßok	Tomatensaft
я́блочный сок jáblatschny ßok	Apfelsaft

Горя́чие напи́тки garjátschije napitki
Heiße Getränke

кака́о kakáo	Kakao
ко́фе kófe	Kaffee
ко́фе с молоко́м kófe ßmalakóm	Kaffee mit Milch
ко́фе с са́харом kófe ß-ßácharam	Kaffee mit Zucker
чай tschai	Tee
чай с варе́ньем tschai ßwarén-jem	Tee mit Konfitüre
чай с лимо́ном tschai ßlimónam	Tee mit Zitrone

Info

In Russland sind die Mahlzeiten wie in Deutschland das Frühstück **за́втрак** (sáftrak), das Mittagessen **обе́д** (abjét) und das Abendessen **у́жин** (úschin). Zum Frühstück serviert man Quarkspeisen **запека́нка** (sapikánka) oder **сы́рники** (ßýrniki), Brei **ка́ша** (káscha), Croissants **круасса́ны** (kruaßány) und Kaffee **ко́фе** (kófi). Auch Omelett **омле́т** (amljét) oder Spiegeleier **яи́чница** (ji-íschnitza) und dünne Pfannkuchen **бли́нчики** (blíntschiki) stehen auf der Frühstückskarte der meisten Cafés

Restaurantsuche

Wo gibt es hier in der Nähe ...	**Где здесь побли́зости ...** gdje sdjeß pablísaßti ...
... ein Café?	**... кафе́?** ... kafä?
... eine Kneipe?	**... бар?** ... bar?
... einen Schnellimbiss?	**... заку́сочная?** ... sakúßatschnaja?
... ein preiswertes Restaurant?	**... недорого́й рестора́н?** ... nidaragój rißtarán?
... ein typisches Restaurant?	**... типи́чный рестора́н?** ... tipítschny rißtarán?
Ich möchte einen Tisch für zwei Personen um ... Uhr reservieren.	**Я хоте́л(♀ а) бы заказа́ть сто́лик на двои́х на ... часо́в.** ja chatjél(♀ a) by sakasátj ßtólik na dwaích na ... tschißóf.
Ich möchte einen Tisch für sechs Personen um ... Uhr reservieren.	**Я хоте́л(♀ а) бы заказа́ть сто́лик на шестеры́х на ... часо́в.** ja chatjél(♀ a) by sakasátj ßtólik na schyßtirých na ... tschißóf.

Wir haben einen Tisch für ... Personen reserviert (auf den Namen ...).	**Мы заказáли стóлик на ... (на и́мя ...).** my sakasáli ßtólik na ... (na ímja ...).
Einen Tisch für ... Personen bitte.	**Оди́н стóлик на ... человéк, пожáлуйста.** adín ßtólik na ... tschilawjék, paschálußta.
Ist dieser Tisch noch frei?	**Э́тот стóлик ещё свобóден?** ätat ßtólik jischó ßwabódin?
Ist dieser Platz noch frei?	**Э́то мéсто ещё свобóдно?** äta méßta jischó ßwabódna?
Haben Sie einen Hochstuhl?	**У Вас есть дéтский стýльчик?** u waß jeßtj djétzki ßtúltschik?
Entschuldigung, wo sind die Toiletten?	**Извини́те, где здесь туалéт?** iswiníti, gdje sdjeß tualét?

Bestellen

Ist hier Selbstbedienung?	**Здесь самообслýживание?** sdjeß sama-apßlúschiwanije?
Die Karte bitte.	**Меню́, пожáлуйста.** minjú, paschálußta.
Ich möchte nur etwas trinken.	**Я хотéл(♀ а) бы тóлько чтó-нибудь вы́пить.** ja chatjél(♀ a) by tólka schtó-nibutj wýpitj.
Ich möchte nur eine Kleinigkeit essen.	**Я хотéл(♀ а) бы тóлько немнóго перекуси́ть.** ja chatjél(♀ a) by tólka nimnóga pirikußítj.

Gibt es jetzt noch etwas Warmes zu essen?	Вы ещё подаёте горячие блюда? wy jeschó podajóti garjátschije blúda?

Das könnten Sie hören:

◂Что Вы будете пить? schto wy búditi pitj?	Was möchten Sie trinken?

Ich möchte ...	Я хотéл(♀ а) бы ... ja chatjél(♀ a) by ...
... ein Glas Rotwein.	... бокáл крáсного винá. ... bakál kráßnawa winá.
... eine Flasche Weißwein.	... бутылку бéлого винá. ... butýlku bélawa winá.
... einen Liter Hauswein.	... литр разливнóго винá. ... litr rasliwnówa winá.
... einen halben Liter Hauswein.	... пол-литра разливнóго винá. ... pal-lítra rasliwnówa winá.
... ein Viertel Rosé.	... чéтверть литра рóзового винá. ... tschétwirtj lítra rósawawa winá.
... ein Bier.	... крýжку пива. ... krúschku píwa.
... eine Karaffe Wasser.	... графин воды. ... grafín wadý.
... eine kleine Flasche Mineralwasser.	... мáленькую бутылку минерáльной воды. ... málinjkuju butýlku minirálnaj wadý.
... eine große Flasche Mineralwasser.	... большýю бутылку минерáльной воды. ... balschúju butýlku minirálnaj wadý.
... eine Tasse Kaffee.	... чáшку кóфе. ... tscháschku kófi.

Das könnten Sie hören:

◄Что Вы бýдете есть? schto wy búditi jeßtj?	Was möchten Sie essen?
Ich möchte ...	Я хотéл(♀ а) бы ... ja chatjél(♀ a) by ...
... das Menü zu ... Rubel.	... бизнес-лáнч за ... рублéй. ... bisnyßlántsch sa ... rubléj.
... eine Portion ...	... однý пóрцию ... ... adnú pórtzyju ...
... ein Stück ...	... оди́н кусóчек ... ... adìn kußótschik ...
Was empfehlen Sie mir?	Что Вы мне посовéтуете? schto wy mnje paßawétujeti?
Was ist heute das Tagesgericht?	Какóе сегóдня блю́до дня? kakóje ßiwódnja blúda dnja?
Was sind die Spezialitäten dieser Region?	Каки́е блю́да типи́чны для э́того регио́на? kakíje blúda tipítschny dlja ätawa rigióna?

Info

Um die Bedienung auf sich aufmerksam zu machen, rufen Sie Kellnerinnen mit дéвушка (déwuschka) »junge Dame«, und zwar unabhängig von ihrem Alter. Mit молодóй человéк (maladój tschilawék) dagegen spricht man nur tatsächlich junge Männer an. Sie können aber auch einfach nur Извини́те! (iswiníti) »Verzeihung!« rufen, um auf sich aufmerksam zu machen.

Haben Sie ...	**У Вас есть ...** u waß jeßtj ...
... vegetarische Gerichte?	**... вегетариа́нские блю́да?** ... wigitariánßkije blúda?
... vegane Gerichte?	**... вега́нские блю́да?** ... wigánßkije bljúda?
... glutenfreie Gerichte?	**... безглюте́новые блю́да?** ... bisgljuténawyje bljúda?
Ist ... in dem Gericht? Ich darf das nicht essen.	**Есть ли в блю́де ...? Мне нельзя́ э́то есть.** jeßtj li wblúdi ...? mnje nilsjá äta jeßtj.
Für mich bitte ohne ...	**Для меня́, пожа́луйста, без ...** dlja minjá, paschálußta, biß ...
Kann ich ... statt ... haben?	**Мо́жно ... вме́сто ...?** móschna ... wmjéßta ...?

Info

Die berühmte Borschtsch **борщ** und die Kohlsuppe **щи** können Sie in den meisten Restaurants auch in einer vegetarischen oder veganen Variante erhalten. Zur Fastenzeit gibt es in allen Restaurants eine Auswahl an veganen Gerichten.

Das könnten Sie hören:

◂**Как Вы хоти́те Ваш бифште́кс?**
kak wy chatíti wasch bifschtékß?
Wie möchten Sie Ihr Steak?

Blutig.	**С кро́вью.** ßkrówju.
Medium rare.	**Непрожа́ренный.** niprascháriny.
Medium.	**Сре́дний.** ßrédnij.

Gut durchgebraten.	Хорошó прожáренный. charaschó praschàriny.
Ich möchte noch etwas Brot.	Я бы хотéл(♀ а) ещё немнóго хлéба. ja by chatjél(♀ a) jeschó nimnóga chléba.
Bitte bringen Sie mir noch ...	Пожáлуйста, принеси́те мне ещё ... paschálußta, prinißíti mnje jeschó ...
Haben Sie ein Kindermenü?	У Вас есть меню́ для детéй? u waß jeßtj minjú dlja ditéj?
Können wir für die Kinder eine halbe Portion bekommen?	Мóжно заказáть для детéй полови́ну пóрции? móschna sakasátj dlja ditéj palawínu pórtzi-i?
Bringen Sie uns bitte ... für unser Kind.	Мóжно, пожáлуйста, получи́ть ... для нáшего ребёнка? móschna, paschálußta, palutschítj ... dlja náschiwa ribjónka?
... ein Extra-Gedeck	... отдéльный прибóр ... ad-délny pribór
... einen kleinen Löffel	... мáленькую лóжечку ... málinkuju lóschytschku
Können Sie bitte das Fläschchen aufwärmen?	Вы не могли́ бы подогрéть буты́лочку? wy ni maglí by padagrétj butýlatschku?

Gemeinsam essen

Guten Appetit! — Приятного аппетита! prijátnawa apitíta!

Danke, gleichfalls! — Спасибо, Вам тоже! ßpaßíba, wam tósche!

Zum Wohl! — На здоровье! na sdarówje!

Das könnten Sie hören:

◂ Вам | Тебе вкусно? wam | tibjé fkúßna? — Schmeckt es Ihnen | dir?

Danke, sehr gut. — Да, спасибо. da, ßpaßíba.

Das könnten Sie hören:

◂ Ещё немного ...? jeschó nimnóga ...? — Noch etwas ...?

◂ Хотите | Хочешь это попробовать? chatíti | chótschisch ăta papróbawatj? — Möchten Sie | Möchtest du hiervon?

Ja, gerne. — Да, с удовольствием. da, ßudawólßtwijem.

Danke, ich bin satt. — Спасибо, я сыт(♀ á). ßpaßíba, ja ßyt(♀ á).

Was ist das? — Что это? schtó-äta?

Können Sie | Kannst du mir bitte ... reichen? — Передайте | Передай мне ..., пожалуйста? piridáiti | piridái mnje ..., paschálußta?

Ich möchte keinen Alkohol trinken. — Я не хочу пить спиртное. ja ni chatschú pitj ßpirtnóje.

Ich möchte Sie | dich einladen.	Я хоте́л(♀ а) бы Вас | тебя́ пригласи́ть. ja chatjél(♀ a) by waß | tibjá priglaßítj.
Danke für die Einladung.	Спаси́бо за приглаше́ние. ßpaßíba sa priglaschénije.
Es war ausgezeichnet.	Бы́ло отли́чно. býla atlítschna.

▸*Höfliche Wendungen, S. 65*

Reklamieren

Das habe ich nicht bestellt. Ich wollte ...	Я э́то не зака́зывал(♀ а). Я хоте́л(♀ а) ... ja äta ni sakásywal(♀ a). ja chatjél(♀ a) ...
Haben Sie unser ... vergessen?	Вы не забы́ли наш ...? wy ni sabýli nasch ...?
Hier fehlt noch ...	Здесь ещё не хвата́ет ... sdjeß jeschó ni chwatájit ...
Das Essen ist kalt.	Еда́ холо́дная. jidá chalódnaja.
Das Essen ist versalzen.	Еда́ пересо́лена. jidá pirißólina.
Das Fleisch ist nicht lang genug gebraten.	Мя́со не прожа́рено. mjáßa ni praschárina.
Das Fleisch ist zäh.	Мя́со жёсткое. mjáßa schóßkaje.
Bitte nehmen Sie es zurück.	Забери́те э́то, пожа́луйста, наза́д. sabiríte äta, paschálußta, nasat.

Bezahlen

Die Rechnung bitte!	**Счёт, пожáлуйста!** schjot, paschálußta!
Bitte alles zusammen.	**Пожáлуйста, оди́н счёт.** paschálußta, adín schjot.
Wir möchten getrennt bezahlen.	**Счёт, пожáлуйста, раздéльно.** schjot, paschálußta, rasdjélna.

Info

Das getrennte Bezahlen in Restaurants ist mittlerweile in Russland üblich geworden. Sie werden von der Bedienung auch danach gefragt. Als Trinkgeld legen Sie einen angemessenen Betrag (5–10 % der Summe) in die dafür vorgesehene Rechnungsmappe, nachdem Sie Ihr Rückgeld zurückerhalten haben.

Ich hätte gerne eine Quittung.	**Мне нýжен чек, пожáлуйста.** mnje núschyn tschek, paschálußta.

Das könnten Sie hören:

◂**Бы́ло вкýсно?** býla fkúßna?	Hat es Ihnen geschmeckt?

Ich glaube, hier stimmt etwas nicht.	**Мне кáжется, тут оши́бка.** mnje káschytza, tut aschýpka.
Rechnen Sie es mir bitte vor.	**Пожáлуйста, пересчитáйте при мне.** paschálußta, pirischitáiti pri mnje.

Es stimmt so. | Сда́чи не на́до. sdátschi ni náda.

Vielen Dank. | Большо́е спаси́бо. balschóje ßpaßíba.

Weitere Wörter

Abendessen .... у́жин úschin
Aschenbecher .... пе́пельница pépilnitza
Bedienung *(Service)* .... обслу́живание apßúschiwanije
Beilage .... гарни́р garnír
Besteck .... прибо́р pribór
bestellen .... заказа́ть sakasátj
bezahlen .... заплати́ть saplatítj
getrennt bezahlen .... заплати́ть разде́льно saplatítj rasdélna
zusammen bezahlen .... заплати́ть вме́сте saplatítj wméßti
Brot .... хлеб chljep
belegtes Brot .... бутербро́д butirbrót
Brötchen .... бу́лочка búlatschka
Butter .... ма́сло máßla
Diät .... дие́та dijéta
durstig sein .... хоте́ть пить chatjétj pitj
Essen .... еда́ jidá
essen .... есть jeßtj
Essig .... у́ксус úkßuß
fett .... жи́рный schýrnyj
Fisch .... ры́ба rýba
Flasche .... буты́лка butýlka
Fleisch .... мя́со mjáßa
frisch .... све́жий ßwéschyj
Frühstück .... за́втрак sáftrak
Gabel .... ви́лка wílka

Gang .... блю́до blúda
Gebäck .... вы́печка wýpitschka
Gedeck .... (столо́вый) прибо́р (ßtalówyj) pribór
Gemüse .... о́вощи ówaschi
Gericht .... блю́до blúda
Getränk .... напи́ток napítak
gewürzt .... припра́вленный спе́циями pripráwlinyj ßpétzyjami
Glas .... стака́н ßtakán
Gräte .... кость koßtj
Hauptgericht .... гла́вное блю́до gláwnaje blúda
hausgemacht .... по-дома́шнему padamáschnimu
heiß .... горя́чий garjátschij
hungrig sein .... быть голо́дным bytj galódnym
Kakao .... кака́о kakáo
kalt .... холо́дный chalódnyj
Kartoffeln .... карто́фель kartófil
Käse .... сыр ßyr
Kellner .... официа́нт afitzyánt
Kellnerin .... официа́нтка afitzyántka
Ketchup .... ке́тчуп kétschup
Kinderteller .... де́тская по́рция djétzkaja pórtzyja
Kneipe .... бар bar
Knoblauch .... чесно́к tschißnók
Kuchen .... пиро́г pirók
Löffel .... ло́жка lóschka
mager .... нежи́рный nischýrny
Margarine .... маргари́н margarín
Marmelade .... джем dschäm
Mayonnaise .... майоне́з majinäß
Menü .... би́знес-ла́нч bisnysläntsch
Messer .... нож nosch

Mineralwasser mit Kohlensäure	**минера́льная вода́ с га́зом** minirálnaja wadá sgásam
Mineralwasser ohne Kohlensäure	**минера́льная вода́ без га́за** minirálnaja wadá bisgása
Mittagessen	**обе́д** abjét
Nachtisch	**десе́рт** dißjért
Nudeln	**макаро́ны** makaróny
Obst	**фру́кты** frúkty
Öl	**(расти́тельное) ма́сло** (raßtítilnaje) máßla
Pfeffer	**пе́рец** péritz
Pilze	**грибы́** gribý
Pizza	**пи́цца** pítza
Portion	**по́рция** pórtzyja
Reis	**рис** riß
Restaurant	**рестора́н** rißtarán
Rindfleisch	**говя́дина** gawjádina
roh	**сыро́й** ßyrój
Rohkost	**пи́ща в сыро́м ви́де** píscha fßyróm wídi
Sahne	**сли́вки** ßlífki
Salat	**сала́т** ßalát
Salatsoße	**сала́тный со́ус** ßalátnyj ßóuß
Salz	**соль** ßol
Salzstreuer	**соло́нка** ßalónka
satt sein	**быть сы́тым** bytj ßýtym
sauer	**ки́слый** kíßlyj
scharf	**о́стрый** óßtryj
schmecken	**нра́виться на вкус** nráwitza na fkuß
Schonkost	**щадя́щая дие́та** schidjáschija dijéta
Senf	**горчи́ца** gartschítza
Serviette	**салфе́тка** ßalfétka

Soße	со́ус ßóuß
Spezialität	фи́рменное блю́до fírminaje blúda
Stück	кусо́чек kußótschik
Suppe	суп ßup
süß	сла́дкий ßlátkij
Süßstoff	замени́тель са́хара saminítjel ßáchara
Tasse	ча́шка tscháschka
Tee	чай tschai
Teelöffel	ча́йная ло́жка tschájnaja lóschka
Teller *(groß)*	таре́лка tarjélka
Tisch	стол ßtol
trinken	пить pitj
Trinkgeld	чаевы́е tschijiwýje
vegetarisch	вегетариа́нский wigitariánßkij
Vorspeise	заку́ска sakúßka
Wasser	вода́ wadá
Wein	вино́ winó
Zahnstocher	зубочи́стка subatschíßtka
Zucker	са́хар ßáchar

Unterwegs in der Stadt

... die wichtigsten Sätze

Entschuldigung, wo ist ...?
Извини́те, где нахо́дится ...?
iswiníti, gdje nachóditza ...?

Wie komme ich zu ...? Как мне доéхать до ...?
kak mnje dajéchatj da ...?

Wo ist die Touristeninformation?
▸*Orientierung, S. 118*
Где нахо́дится туристи́ческий информацио́нный центр?
gdje nachóditza turistítscheßkij infarmatziónyj tzentr?

Wann ist ... geöffnet? Когда́ откры́т ...? kagdá atkrýt ...?

Ich möchte einen Stadtplan.
Я хотéл(♀ а) бы ка́рту го́рода.
ja chatjél(♀ a) by kártu góroda.

Können Sie mir ein gutes Hotel empfehlen?
Вы не могли́ бы порекомендова́ть мне хоро́ший отéль?
wy ni maglí by parikamindawátj mnje charóschy atél?

Ist es weit von hier? Э́то далекó отсю́да?
äta dalikó atßúda?
▸*Touristeninformation, S. 120*

Wo ist die nächste U-Bahn-Station?
Где ближа́йшая ста́нция метро́?
gdje blischáischaja ßtántzyja mitró?

Fährt dieser Bus nach ...?
Э́тот авто́бус идёт до ...?
ätat aftóbuß idjót da ...?

Gibt es Tageskarten? Есть ли однодне́вные проездны́е?
jeßtj li adnadnjéwnyje pra-isnýje?

Bitte einen Fahrschein nach ...
▸*Mit Bus und Bahn, S. 123*
Пожа́луйста, оди́н биле́т до ...
paschálußta, adín biljét da ...

Wo bekomme ich ein Taxi?
▸*Mit dem Taxi, S. 126*
Где я могу́ пойма́ть такси́?
gdje ja magú pajmátj takßí?

Wie viel kostet es nach ...?
Ско́лько сто́ит дое́хать до ...?
skólka stó-it dajéchatj da ...?

Entschuldigung, wo ist hier ein Geldautomat?
▸*Bank, S. 128*
Извини́те, где здесь есть банкома́т?
iswiníti, gdje sdjeß jeßtj bankamát?

Was kostet eine Karte nach ...?
▸*Post, S. 130*
Ско́лько сто́ит откры́тка до ...?
ßkólka ßtó-it atkrýtka da ...?

Wo gibt es kostenlosen WLAN-Zugang?
▸*Kommunikation, S. 131*
Где есть беспла́тный Wi-Fi?
gdje jestj bißplátnyj waifái?

Wie lautet das Passwort?
Како́й паро́ль?
Kakój parólj?

Orientierung

Entschuldigung, wo ist ...?	**Извините, где находится ...?** iswiníti, gdje nachóditza ...?
Wie komme ich zu ...?	**Как мне доехать до ...?** kak mnje dajéchatj da ...?
Können Sie mir das auf der Karte zeigen?	**Вы не могли бы показать мне это на карте?** wy ni maglí by pakasátj mnje äta na kárti?
Wie viele Minuten zu Fuß?	**Сколько минут пешком?** ßkólka minút pischkóm?
Ist das die Straße nach ...?	**Это дорога в направлении ...?** äta daróga wnaprawlénii ...?

Das könnten Sie hören:

◂**К сожалению, я этого не знаю.**
kßaschylénju ja ätawa ni snáju.
Tut mir leid, das weiß ich nicht.

◂**На следующем светофоре ...**
na ßléduschim ßwitafóri ...
An der nächsten Ampel ...

◂**Первая улица ...**
pérwaja úlitza ...
Die erste Straße ...

◂**Вторая улица ...**
ftarája úlitza ...
Die zweite Straße ...

... налево. ... naléwa.
... links.

... направо. ... napráwa.
... rechts.

◂ **На слéдующем перекрёстке ...**
na ßléduschim pirikrjóßtki ...
An der nächsten Kreuzung ...

◂ **Перейдúте чéрез ...**
pirijdíti tschériß ...
Überqueren Sie ...

... плóщадь.
... plóschitj.
... den Platz.

... ýлицу. ... úlitzu.
... die Straße.

◂ **Вы мóжете поéхать на ...**
wy móschyti pajéchatj na ...
Sie können ... nehmen.

... автóбусе.
... aftóbußi.
... den Bus

... метрó. ... mitró.
... die U-Bahn

Orts- und Richtungsangaben

вверх по лéстнице	w-werch pa léßnitzi	die Treppe hinauf
вниз по лéстнице	wniß pa léßnitzi	die Treppe hinunter
довóльно далекó	dawólna dalikó	ziemlich weit
за	sa	hinter
в э́том направлéнии	wétam naprawléni	hier entlang
назáд	nasát	zurück
налéво	naléwa	nach links
напрáво	naprávva	nach rechts
напрóтив	naprótif	gegenüber
недалекó	nidalikó	nicht weit
недалекó от	nidalikó at	nahe bei
пéред	périt	vor

перекрёсток pirikrjóßtak	Kreuzung
поворóт pawarót	Kurve
прямо prjáma	geradeaus
рядом с rjádamß	neben
светофóр ßwitafór	Ampel
слéва ßléwa	links
спрáва ßpráwa	rechts
там tam	dort
там сзáди tam ßsádi	dort hinten
ýлица úlitza	Straße

Touristeninformation

Wo ist die Touristeninformation?	**Где нахóдится туристи́ческий информациóнный центр?** gdje nachóditza turißtítscheßkij infarmatziónyj tzentr?
Wissen Sie, wo ich hier ein Zimmer finden kann?	**Вы не подскáжете, где я могý снять кóмнату?** wy ni padßkáschyti gdje ja magú ßnjatj kómnatu?
Können Sie mir ... empfehlen?	**Вы не могли́ бы порекомендовáть мне ...** wy ni maglí by parikamindawátj mnje ...
... ein gutes Hotel	**... хорóший отéль?** ... charóschy atél?
... ein preiswertes Hotel	**... недорогýю гости́ницу?** ... nidaragúju gaßtínitzu?
... eine Pension	**... отéль-пансиóн?** ... atél-panßión?
... eine Privatunterkunft	**... чáстную кварти́ру?** ... tschäßnuju kwartíru?

Wie viel kostet es (ungefähr)?	**Ско́лько э́то сто́ит (приблизи́тельно)?** ßkólka äta ßtó-it (priblisítilna)?
Können Sie für mich dort reservieren? ▸*Hotel, S. 72*	**Вы бы не могли́ там для меня́ заброни́ровать но́мер?** wy by ni maglí tam dlja minjá sabranírawatj nómir?
Gibt es hier ...	**Здесь есть ...** sdeß jestj ...
... eine Jugendherberge?	**... молодёжная тури́стская ба́за?** ... maladjóschnaja turístskaja bása?
... einen Campingplatz?	**... ке́мпинг?** ... kämping?
Ist es weit von hier?	**Э́то далеко́ отсю́да?** äta dalikó atßúda?
Wie komme ich dorthin?	**Как мне туда́ добра́ться?** kak mnje tudá dabrátza?
Wo gibt es hier ein Internet-Café?	**Где здесь есть Интерне́т-кафе́?** gdje sdjeß jeßtj internét-kafä?
Wo gibt es kostenlosen WLAN-Zugang?	**Где име́ется беспла́тный Wi-Fi?** gdje iméjitza bißplátnyj wáifai?
Ich möchte ...	**Я хоте́л(♀ а) бы ...** ja chatjél(♀ a) by ...
... einen Plan von der Umgebung.	**... ка́рту окре́стностей.** ... kártu akréßnaßtej.
... einen Stadtplan.	**... ка́рту го́рода.** ... kártu góroda.
... einen U-Bahn-Plan.	**... схе́му ли́ний метрополите́на.** ... ßchému línij mitrapaliténa.
... einen Veranstaltungskalender.	**... календа́рь мероприя́тий.** ... kalindárj miraprijáti.

Welche Sehenswürdigkeiten gibt es hier?	**Какие здесь есть достопримечательности?** kakíje sdjeß jeßtj daßtaprimitschátilnaßti?
Ich möchte ... besichtigen.	**Я хотéл(♀ а) бы осмотрéть ...** ja chatjél(♀ a) by aßmatrétj ...
Gibt es ...	**Провóдятся ли ... экскýрсии по гóроду?** prawódjatza li ... ykßkúrßi-i pa góradu?
... Stadtrundfahrten?	**... автóбусные** ... aftóbußnyje
... Stadtführungen?	**... пешехóдные** ... pischichódnyje
Haben Sie auch Prospekte auf Deutsch?	**У Вас есть брошюры на немéцком языкé?** u waß jeßtj braschúry na nimjétzkam jisykjé?
Was kostet die ...	**Скóлько стóит ... экскýрсия?** ßkólka ßtó-it ... ykßkúrßija?
... Rundfahrt?	**... автóбусная** ... aftóbußnaja
... Führung?	**... пешехóдная** ... pischichódnaja
Wie lange dauert die ...	**Скóлько длúтся ... экскýрсия?** ßkólka dlítza ... ykßkúrßija?
... Rundfahrt?	**... автóбусная** ... aftóbußnaja
... Führung?	**... пешехóдная** ... pischichódnaja
Bitte ... für die Stadtrundfahrt.	**Пожáлуйста, ... на автóбусную экскýрсию по гóроду.** paschálußta, ... na aftóbußnuju ykßkúrßiju pa góradu.
... eine Karte	**... одúн билéт** ... adín biljét
... zwei Karten	**... два билéта** ... dwa biljéta

Wann ist ... geöffnet?	**Когда́ откры́т ...?** kagdá atkrýt ...?
Bitte für den Ausflug morgen nach ... zwei Plätze.	**Пожа́луйста, на за́втра на экску́рсию в ... два ме́ста.** paschálußta, na sáftra na ykßkúrßiju w ... dwa mjéßta.
Wann treffen wir uns?	**Когда́ мы встреча́емся?** kagdá my fßtritschájimßa?
Wo treffen wir uns?	**Где мы встреча́емся?** gdje my fßtritschájimßa?
Besichtigen wir auch ...?	**Осмо́трим ли мы та́кже ...?** aßmótrim li my tákschy ...?

Bus, Bahn, Taxi

Mit Bus und Bahn

Wo ist die nächste ...	**Где ближа́йшая ...** gdje blischáischaja ...
... U-Bahn-Station?	**... ста́нция метро́?** ... ßtántzyja mitró?
... Bushaltestelle?	**... остано́вка авто́буса?** ... aßtanófka aftóbußa?
... O-Bushaltestelle?	**... остано́вка тролле́йбуса?** ... aßtanófka traléjbußa?
... Straßenbahn-haltestelle?	**... остано́вка трамва́я?** ... aßtanófka tramwája?
Wo hält der Bus nach ...?	**Где остана́вливается авто́бус до ...?** gdje aßtanáwliwajitza aftóbuß da ...?

Info

Für U-Bahn, Bus, E-Bus und Straßenbahn gelten Einheitspreise, unabhängig von der Länge der Fahrstrecke. Am besten erwerben Sie gleich nach Ihrer Ankunft das aufladbare Ticket für den gesamten öffentlichen Nahverkehr – die Trojka-Karte (Тройка) in Moskau und die Padaroschnik-Karte (Подорожник) in Sankt Petersburg. Die einzelnen Fahrten sind dann viel günstiger und die Karte kann vor der Abreise wieder zurückgegeben werden. Erhältlich sind die Karten an den U-Bahn- und Bahnhofskassen und Ticketautomaten.

Wo hält die Straßenbahn nach ...?
Где остана́вливается трамва́й до ...?
gdje aßtanáwliwajitza tramwái da ...?

Welcher Bus fährt nach ...?
Како́й авто́бус идёт до ...?
kakój aftóbuß idjót da ...?

Welche U-Bahn fährt nach ...?
Кака́я ли́ния метро́ идёт до ...?
kakája línija mitró idjót da ...?

Das könnten Sie hören:

◂ Авто́бус но́мер ... aftóbuß nómir ...
Der Bus Nummer ...

◂ Ли́ния ... línija ...
Die Linie ...

Wann fährt der nächste Bus nach ...?
Когда́ отправля́ется сле́дующий авто́бус до ...?
kagdá atprawljájitza ßléduschi aftóbuß da ...?

Wann fährt die nächste Straßenbahn nach ...?
Когда́ отправля́ется сле́дующий трамва́й до ...?
kagdá atprawljájitza ßléduschi tramwái da ...?

Wann fährt der letzte Bus?	Когда́ идёт после́дний авто́бус? kagdá idjót paßljédni aftóbuß?
Fährt dieser Bus nach ...?	Э́тот авто́бус идёт до ...? ätat aftóbuß idjót da ...?
Gibt es Niederflurbusse?	Есть ли низкопо́льные авто́бусы? jeßtj li niskapólnyje aftóbußy?
Muss ich nach ... umsteigen?	Что́бы доéхать до ..., мне на́до пересе́сть в друго́й? schtóby dojechatj da ..., mnje nádo pirißéßtj w drugój?
Könnten Sie mir bitte beim ... helfen?	Вы не могли́ бы мне помо́чь ... wy ni maglí by mnje pamótsch ...
... Einsteigen	... зайти́? ... sajtí?
... Aussteigen	... сойти́? ... ßajtí?
Sagen Sie mir bitte, wo ich ... muss?	Скажи́те, пожа́луйста, когда́ мне ... ßkaschýti, paschálußta, kagdá mnje ...
... aussteigen	... вы́йти. ... wýjti.
... umsteigen	... пересе́сть. ... pirißjéßtj.
Wo gibt es die Fahrscheine?	Где продаю́тся биле́ты? gdje pradajútza biljéty?
Bitte einen Fahrschein nach ...	Пожа́луйста, оди́н биле́т до ... paschálußta, adín biljét da ...
Gibt es ...	Есть ли ... jeßtj li ...
... Tageskarten?	... однодне́вные проездны́е? ... adnadnjéwnyje pra-isnýje?
... Mehrfahrtenkarten?	... биле́ты на не́сколько поéздок? ... biléty na néßkalka pajésdak?
... Wochenkarten?	... проездны́е на неде́лю? ... pra-isnýje na nidélju?

Mit dem Taxi

Wo bekomme ich ein Taxi?	**Где я могу́ пойма́ть такси́?** gdje ja magú pajmátj takßí?
Bitte bestellen Sie mir für (morgen um) ... Uhr ein Taxi.	**Не могли́ бы Вы заказа́ть мне такси́ (на за́втра) на ... часо́в?** ni maglí by wy sakasátj mnje takßí (na sáftra) na ... tschißóf?
Sind Sie frei?	**Вы свобо́дны?** wy ßwabódny?
Bitte ...	**Пожа́луйста, ...** paschálußta, ...
... zum Bahnhof!	**... на вокза́л!** ... na waksál!
... zum Flughafen!	**... в аэропо́рт!** ... wa-ärapórt!
... zum Hotel ...!	**... в гости́ницу ...!** ... wgaßtínitzu ...!
... in die Innenstadt!	**... в центр!** ... ftzentr!
... in die ... Straße!	**... на у́лицу ...!** ... na úlitzu ...!
... zu einem guten Club!	**... в хоро́ший ночно́й клуб!** ... fcharóschij natschnój klup!
Wie viel kostet es nach ...?	**Ско́лько сто́ит доe̒хать до ...?** ßkólka ßtó-it dajéchatj da ...?
Man hat mir (im Hotel) gesagt, dass es nur ... kostet.	**Мне (в гости́нице) сказа́ли, что э́то сто́ит то́лько ...** mnje (wgaßtínitzy) ßkasáli, schto äta ßtó-it tólka ...
Bitte schalten Sie den Taxameter ein.	**Включи́те, пожа́луйста, счётчик.** fkljutschíti, paschálußta, schjótschik.
Fahren Sie bitte etwas langsamer.	**Нельзя́ ли е́хать поме́дленнее?** Nilsjá li jéchatj pamédlinije?

Warten Sie hier bitte (einen Augenblick)!	Подождúте здесь, пожáлуйста, (минýтку)! padaschdíte sdjeß, paschálußta, (minútku)!
Halten Sie hier bitte (einen Augenblick)!	Остановúтесь здесь, пожáлуйста, (на минýтку)! aßtanawítiß sdjeß, paschálußta, (na minútku)!
Das Wechselgeld ist für Sie!	Сдáчу остáвьте себé! sdátschu aßtáfte ßibé!

Weitere Wörter

Abfahrt	отправлéние atprawlénije
aussteigen	выходúть wychadítj
Busbahnhof	автовокзáл aftawaksál
Endstation	конéчная остано́вка kanétschnaja aßtanófka
entwerten	прокомпостúровать prakampaßtírawatj
Entwerter	компо́стер kampóßtir
Fahrer(in)	водúтель wadítil
Fahrkarte	билéт biljét
Fahrkartenautomat	билéтный автомáт biljétnyj aftamát
Fahrplan	расписáние raßpißánije
Fahrpreis	сто́имость билéта ßtó-imaßtj biljéta
Fahrstuhl	лифт lift
halten	останáвливаться aßtanáwliwatza
Haltestelle	остано́вка aßtanófka
Kontrolleur(in)	контролёр, котролёрша kantraljór, kantraljórscha

Richtung	**направление** naprawlénije
Rollstuhl	**инвалидная коляска** inwalídnaja kaljáßka
Rolltreppe	**эскалатор** yßkalátar
S-Bahn®	**электричка** äliktrítschka
Schaffner(in)	**проводник, проводница** prawadník, prawadnítza
Stadtzentrum	**центр города** tzentr górada
stufenlos	**без ступенек** biß-ßtupénik
Taxistand	**стоянка такси** ßtajánka takßí
umsteigen	**пересаживаться** pirißáschiwatza

Bank

Entschuldigen Sie bitte, wo ist hier …	**Извините, где здесь есть …** iswiníti, gdje sdjeß jeßtj …
… eine Bank?	**… банк?** … bank?
… ein Geldautomat?	**… банкомат?** … bankamát?
Wo kann ich Geld wechseln?	**Где можно обменять деньги?** gdje móschna abminjátj djéngi?
Ich möchte … Euro umtauschen.	**Я хотел(♀ а) бы обменять … евро.** ja chatjél(♀ a) by abminjátj … jéwra.
Ich möchte … Schweizer Franken umtauschen.	**Я хотел(♀ а) бы обменять … швейцарских франков.** ja chatjél(♀ a) by abminjátj … schwitzárßkich fránkaf.
Wie hoch sind die Gebühren?	**Каков комиссионный сбор за обмен?** kakóf kamißiónyj sbor sa abmjén?

Wie ist der Wechselkurs heute?
Какóй сегóдня обмéнный курс?
kakój ßiwódnja abmjényj kurß?

Das könnten Sie hören:

◂ **Вáши докумéнты, пожáлуйста.**
wáschy dakumjénty, paschálußta.
Ihren Ausweis bitte.

◂ **Распишúтесь, пожáлуйста, вот здесь.**
raßpischýtiß, paschálußta, wot sdjeß.
Unterschreiben Sie bitte hier.

◂ **Какúе купю́ры Вы хотúте?**
kakíje kupjúry wy chatíti?
Wie möchten Sie das Geld haben?

In kleinen Scheinen, bitte.
Пожáлуйста, мéлкими купю́рами.
paschálußta, mjélkimi kupjúrami.

Geben Sie mir bitte auch etwas Kleingeld.
Дáйте мне, пожáлуйста, тáкже немнóго мéлочи.
dáiti mnje, paschálußta, tákschy nimnóga mélatschi.

Der Geldautomat hat meine Karte einbehalten.
Банкомáт не вернýл мне кáрту.
bankomát ni wirnúl mnje kártu.

Ich habe meine Geheimzahl vergessen.
Я забы́л(♀ а) свой PIN-код.
ja sabýl(♀ a) ßwoj pinkót.

Info

Banken haben wochentags in der Regel von 9 Uhr bis 19 Uhr und samstags bis 16 Uhr geöffnet.

Weitere Wörter

Banküberweisung	**ба́нковский перево́д** bánkafßkij piriwót
Betrag	**су́мма** ßúma
Euro	**е́вро** jéwra
EC-Karte®	**дебето́вая ка́рта** dibitówaja kárta
Geheimzahl	**PIN-код** pinkót
Geld	**де́ньги** djéngi
Geldautomat	**банкома́т** bankamát
Kartennummer	**но́мер ка́рточки** nómir kártatschki
Kreditkarte	**креди́тная ка́рточка** kridítnaja kártatschka
Kurs	**курс** kurß
Münze	**моне́та** manéta
Schalter	**око́шко** akóschka
Schweizer Franken	**швейца́рский франк** schwitzárßkij frank
Überweisung	**перево́д** piriwót
Unterschrift	**по́дпись** pótpiß

Post

Wo ist ...	**Где ближа́йший ...** gdje blischáischyj ...
... das nächste Postamt?	**... почта́мт?** ... patschtámt?
... der nächste Briefkasten?	**... почто́вый я́щик?** ... patschtówyj jáschik?
Was kostet ein Brief nach ...?	**Ско́лько сто́ит письмо́ в ...?** ßkólka ßtó-it pißmó w ...?
Ich möchte dieses Paket aufgeben.	**Я хоте́л(♀ а) бы отпра́вить э́ту посы́лку.** ja chatjél(♀ a) by atpráwitj ätu pasýlku.

Weitere Wörter

Absender .... **отправи́тель** atprawítjel
Adresse .... **а́дрес** ádriß
Ansichtskarte .... **откры́тка с ви́дом** atkrýtka swídam
Briefmarke .... **почто́вая ма́рка** patschtówaja márka
Empfänger .... **получа́тель** palutschátjel
Päckchen .... **посы́лка** pasýlka
Postleitzahl .... **почто́вый и́ндекс** patschtówyj índäkß
Schalter .... **око́шко** akóschka
Sondermarke .... **худо́жественная почто́вая ма́рка** chudóschyßtwinaja patschtówaja márka
Wertangabe .... **указа́ние це́нности** ukasánije tzänaßti
Wertpaket .... **це́нная посы́лка** tzänaja paßýlka
zerbrechlich .... **бью́щийся** bjúschijßja

Kommunikation

Telefon

Ich möchte eine SIM-Karte kaufen. — Я хоте́л(♀ а) бы купи́ть SIM-ка́рту. ja chatél(♀ a) by kupítj ßimkártu.

Hallo? Hier ist ... — Алло́. Э́то ... aló. äta ...

Ich möchte ... sprechen. — Позови́те, пожа́луйста, ... pasawíti, paschálußta, ...

Das könnten Sie hören:

◂ Слу́шаю. ßlúschaju. — Am Apparat.

◂ ..., к сожале́нию, нет. ... kßaschylénju, njet. — ... ist leider nicht da.

◂… сегóдня нет. … ßiwódnja njet. … ist heute nicht im Haus.

◂Я могý чтó-нибудь передáть? ja magú schtó-nibutj piridátj? Kann ich etwas ausrichten?

◂Соединя́ю. ßajidinjaju. Ich verbinde.

◂… как раз разговáривает. … kak raß rasgawáriwajit. … spricht gerade.

◂Пожáлуйста, подождúте минýтку. paschálußta, padaschditi minútku. Bitte bleiben Sie am Apparat.

Die Verbindung ist schlecht. Плохáя связь. plachája ßwjaß.

Ich rufe später noch mal an. Я перезвоню́ попóзже. ja piriswanjú papóschy.

Einkaufen

... die wichtigsten Sätze

Wie viel kostet das?	**Ско́лько э́то сто́ит?**	ßkólka äta ßtó-it?

Das ist mir zu teuer.
Э́то для меня́ сли́шком до́рого.
äta dlja minjá ßlíschkam dóraga.

Kann ich mit Kreditkarte zahlen?
Могу́ ли я расплати́ться креди́тной ка́рточкой?
magú li ja raßplatítza kridítnai kártatschkai?

Wo bekomme ich ...?
Где я могу́ купи́ть ...?
gdje ja magú kupítj ...?

Danke, ich sehe mich nur um.
Спаси́бо, я хочу́ то́лько посмотре́ть.
ßpaßíba, ja chatschú tólka paßmatrétj.

Ich hätte gerne ...
Я хоте́л(♀ а) бы ...
ja chatjél(♀ a) by ...

Das gefällt mir nicht so gut.
Э́то мне не о́чень нра́вится.
äta mnje ni ótschin nráwitza.

Ich nehme es.
Я беру́ э́то. ja birú äta.

Danke, das ist alles.
Спаси́бо, э́то всё.
ßpaßiba, äta fßjo.

▸*Fragen & Wünsche, S. 136*

Was ist das?	**Что́ это?** schtó-äta?
Bitte geben Sie mir 1 Kilo ...	**Да́йте мне, пожа́луйста, оди́н килогра́мм ...** dáiti mnje, paschálußta, adín kilagrám ...
Kann ich probieren? ▸*Lebensmittel, S. 141*	**Мо́жно попро́бовать?** móschna papróbawatj?
Ich suche ...	**Я ищу́ ...** ja ischú ...
Ich habe Größe ...	**У меня́ разме́р ...** u minjá rasmjér ...
Kann ich das anprobieren?	**Мо́жно э́то приме́рить?** móschna äta priméritj?
Es steht mir nicht.	**Мне э́то не идёт.** mnje äta ni idjót.
Das passt mir nicht.	**Мне э́то не подхо́дит.** mnje äta ni patchódit.
Das passt gut. ▸*Kleidung, S. 146*	**Э́то впо́ру.** äta fpóru.
Ich habe Schuhgröße ...	**У меня́ разме́р о́буви ...** u minjá rasmjér óbuwi ...
Sie sind zu groß. ▸*Schuhe, S. 150*	**Они́ велики́.** aní wilikí.
Ist das Handarbeit? ▸*Souvenirs, S. 159*	**Э́то ручна́я рабо́та?** äta rutschnája rabóta?

Fragen & Wünsche

Wie viel kostet das?	**Ско́лько э́то сто́ит?** ßkólka äta ßtó-it?
Was kostet ...?	**Ско́лько сто́ит ...?** ßkólka ßtó-it ...?
Können Sie den Preis aufschreiben?	**Не могли́ бы Вы написа́ть це́ну?** ni maglí by wy napißátj tzénu?
Das ist mir zu teuer.	**Э́то для меня́ сли́шком до́рого.** äta dlja minjá ßlíschkam dóraga.
Machen Sie mir einen guten Preis!	**Вы мо́жете предложи́ть мне хоро́шую це́ну?** wy móschyti pridlaschýtj mnje charóschuju tzénu?
Können Sie mir mit dem Preis entgegen-kommen?	**Вы не могли́ бы уступи́ть мне в цене́?** wy ni maglí by ußtupítj mnje ftzyné?
Kann ich es etwas billiger bekommen?	**А нельзя́ ли сде́лать э́то немно́го подеше́вле?** a nilsjá li sdélatj ắta nimnóga padischéwle?
Geben Sie einen Nachlass, wenn ich bar zahle?	**Вы сде́лаете мне ски́дку, е́сли я заплачу́ нали́чными?** wy sdjélajiti mnje ßkítku, jeßli ja saplatschú nalítschnymi?
Für ... nehme ich es.	**За ... я э́то возьму́.** Sa ... ja ắta wasjmú.
Haben Sie auch etwas Preiswerteres?	**У Вас есть что́-нибудь подеше́вле?** u waß jeßtj schtó-nibutj padischéwle?

Kann ich mit ... zahlen?	**Могу́ ли я расплати́ться ...** magú li ja raßplatítza ...
... EC-Karte®	**... дебето́вой ка́ртой?** ... dibitówai kártai?
... (dieser) Kreditkarte	**... (э́той) креди́тной ка́рточкой?** ... (ätai) kridítnai kártatschkai?
Ich hätte gerne eine Quittung.	**Мне нужна́ квита́нция.** mnje nuschná kwitántzyja.
Wo bekomme ich ...?	**Где я могу́ купи́ть ...?** gdje ja magú kupítj ...?

Das könnten Sie hören:

◂ **Что бы Вы хоте́ли?** schto by wy chatjéli?	Was wünschen Sie?
◂ **Вам помо́чь?** wam pamótsch?	Kann ich Ihnen helfen?

Danke, ich sehe mich nur um.	**Спаси́бо, я хочу́ то́лько посмотре́ть.** ßpaßíba, ja chatschú tólka paßmatrétj.
Ich werde schon bedient.	**Меня́ уже́ обслу́живают.** minjá usché apßlúschiwajut.
Ich hätte gerne ...	**Я хоте́л(♀ а) бы ...** ja chatjél(♀ a) by ...
Das gefällt mir nicht so gut.	**Э́то мне не о́чень нра́вится.** äta mnje ni ótschin nráwitza.
Können Sie mir noch etwas anderes zeigen?	**Вы не могли́ бы показа́ть мне что́-нибудь друго́е?** wy ni maglí by pakasátj mnje schtó-nibutj drugóje?

Ich muss mir das noch mal überlegen.	Я ещё поду́маю. ja jischó padúmaju.
Ich nehme es.	Я беру́ э́то. ja birú äta.
Danke, das ist alles.	Спаси́бо, э́то всё. ßpaßiba, äta fßjo.
Haben Sie eine Tüte?	У Вас есть паке́т? u waß jeßtj pakét?
Können Sie es als Geschenk einpacken?	Вы не могли́ бы запакова́ть э́то как пода́рок? wy ni maglí by sapakawátj äta kak padárak?
Können Sie es mir für die Reise verpacken?	Вы не могли́ бы запакова́ть мне э́то в доро́гу? wy ni maglí by sapakawátj mnje äta wdarógu?
Können Sie das nach Deutschland schicken?	Вы не могли́ бы отосла́ть э́то в Герма́нию? wy ni maglí by ataßlátj äta wgirmániju?
Ich möchte das ...	Я хоте́л(♀ а) бы э́то ... ja chatjél(♀ a) by äta ...
... umtauschen.	... обменя́ть. ... abminjátj.
... zurückgeben.	... верну́ть. ... wirnútj.

Weitere Wörter

Ausverkauf	распрода́жа raßpradá͜scha
billig	дешёвый dischówy
Geld	де́ньги djéngi

Geschenk	подáрок padárak
(zu) groß	(сли́шком) большóй (ßlíschkam) balschój
größer	бóльше bólsche
kaufen	покупáть pakupátj
kosten	стóить ßtó-itj
Kreditkarte	креди́тная кáрточка kridítnaja kártatschka
Quittung	квитáнция kwitántzyja
Schaufenster	витри́на witrína
Schlussverkauf	сезóнная распродáжа ßisónaja raßpradáscha
Selbstbedienung	самообслу́живание ßama-apßlúschywanije
Sonderangebot	специáльное предлóжение ßpitzyálnaje pridlaschénije
(zu) teuer	(сли́шком) дорогóй (ßlíschkam) daragój
Tüte	пакéт pakjét
zeigen	показáть pakasátj

Geschäfte

Andenkenladen	сувени́рный магази́н ßuwinírnyj magasín
Antiquitätengeschäft	антиквáрный магази́н antikwárnyj magasín
Apotheke	аптéка aptéka
Bäckerei	бу́лочная búlatschnaja
Blumengeschäft	цветóчный магази́н tzwitótschny magasín
Boutique	бути́к butík
Buchhandlung	кни́жный магази́н kníschnyj magasín
Drogerie	магази́н бытовóй хи́мии magasín bytawój chími-i

Einkaufszentrum	**торго́вый центр** targówyj tzentr
Elektrohandlung	**магази́н электротова́ров** magasín älektratawáraf
Feinkostgeschäft	**гастроно́м** gaßtranóm
Fischgeschäft	**ры́бный магази́н** rýbnyj magasín
Fleischerei	**мясно́й магази́н** mißnój magasín
Flohmarkt	**блоши́ный ры́нок** blaschínyj rýnak
Fotogeschäft	**магази́н фототова́ров** magasín fotatawáraf
Friseur	**парикма́херская** parikmáchirßkaja
Gemüsehändler	**овощна́я ла́вка** awaschnája láfka
Haushaltswaren	**това́ры для до́ма** tawáry dlja dóma
Juwelier	**ювели́рный магази́н** juwilírnyj magasín
Kaufhaus	**универма́г** uniwirmák
Kiosk	**кио́ск** kióßk
Konditorei	**конди́терская** kandítirßkaja
Lebensmittel-geschäft	**продово́льственный магази́н** pradawólßtwiny magasín
Lederwaren-geschäft	**магази́н ко́жаных изде́лий** magasín kóschynych isdéli
Markt	**ры́нок** rýnak
Musikgeschäft	**музыка́льный магази́н** musykálny magasín
Obst und Gemüse	**фру́кты и о́вощи** frúkty i ówaschi
Optiker	**о́птика** óptika
Parfümerie	**парфюме́рия** parfjumérija
Reinigung	**химчи́стка** chimtschíßtka
Schreibwaren-geschäft	**магази́н канцеля́рских това́ров** magasín kantzyljárßkich tawáraf
Schuhgeschäft	**обувно́й магази́н** abuwnój magasín
Sportgeschäft	**магази́н спорти́вных това́ров** magasín ßpartíwnych tawáraf
Supermarkt	**суперма́ркет** ßupirmárkit
Süßwaren	**сла́дости** ßládaßti

Tabakwaren .... таба́чные изде́лия tabátschnyje isdélija
Waschsalon .... пра́чечная prátschitschnaja
Zeitungsstand .... газе́тный кио́ск gasétnyj kióßk

Lebensmittel

Was ist das? — Что́ это? schtó-äta?

Bitte geben Sie mir ... — Да́йте мне, пожа́луйста, ... dáiti mnje, paschálußta, ...

... 100 Gramm ... — ... сто грамм ... ... ßto gram ...

... 1 Kilo ... — ... оди́н килогра́мм ... ... adín kilagrám ...

... 1 Liter ... — ... оди́н литр ... ... adín litr ...

... 1 halben Liter ... — ... пол-ли́тра ... ... pol-lítra ...

... 4 Scheiben ... — ... четы́ре куска́ ... ... tschitýri kußká ...

... 1 Stück ... — ... оди́н кусо́чек ... ... adín kußótschik ...

Info

Die meisten Geschäfte sind bis 20 Uhr geöffnet, viele Lebensmittelgeschäfte sogar bis 23 Uhr, auch am Wochenende. Alkohol wird ab 23 Uhr nicht mehr verkauft. Der Markt ры́нок (rýnak) ist bis ca. 18 Uhr geöffnet. Viele Lebensmittel haben dort eine bessere Qualität als in den Geschäften.

Bitte ... davon. — Пожа́луйста, ... вот э́того. paschálußta, ... wot ätawa.

... ein Stück — ... оди́н кусо́чек ... adín kußótschik

... zwei Stück — ... два кусо́чка ... dwa kußótschka

Das könnten Sie hören:

◂ Ничегó, éсли побóльше?
nitschiwó, jéßli pabólsche?
Darf es etwas mehr sein?

Etwas weniger bitte.	Немнóжко помéньше, пожáлуйста. nimnóschka paménjsche, paschálußta.
Etwas mehr bitte.	Немнóжко побóльше, пожáлуйста. nimnóschka pabólsche, paschálußta.
Kann ich probieren?	Мóжно попрóбовать? móschna papróbawatj?

Weitere Wörter

Ananas ... ананáс ananáß
Apfel ... яблоко jáblaka
Apfelsaft ... яблочный сок jáblatschnyj ßok
Aprikose ... абрикóс abrikóß
Artischocke ... артишóк artischók
Aubergine ... баклажáн baklaschán
Avocado ... авокáдо awakáda
Banane ... банáн banán
Basilikum ... базили́к basilík
Bier ... пи́во píwa
alkoholfreies Bier ... безалкогóльное пи́во bisalkagólnaje píwa
Birne ... грýша grúscha
grüne Bohnen ... стручкóвая фасóль ßtrutschkówaja faßó
Brokkoli ... брóкколи brókali
Brot ... хлеб chljep
Brötchen ... бýлочка búlatschka

Butter	**(сли́вочное) ма́сло** (ßlíwatschnaje) máßla
Chicorée	**сала́тный цико́рий** ßalátnyj tzykóri
Ei	**яйцо́** jijtzó
Eis	**моро́женое** maróschynaje
Erbsen	**горо́х** garóch
Erdbeeren	**клубни́ка** klubníka
Erdnüsse	**ара́хис** aráchiß
Essig	**у́ксус** úkßuß
Esskastanien	**кашта́ны (благоро́дные)** kaschtány (blagaródnyje)
Fisch	**ры́ба** rýba
Fleisch	**мя́со** mjáßa
Geflügel	**дома́шняя пти́ца** damáschnija ptítza
Gemüse	**о́вощи** ówaschi
Gewürze	**спе́ции** ßpétzi-i
Grieß	**ма́нная крупа́** mánaja krupá
Gurke *(Salatgurke)*	**огуре́ц** agurétz
eingelegte Gurken	**марино́ванные огурцы́** marinówanyje agurtzý
Hackfleisch	**фарш** farsch
Haferflocken	**овся́ные хло́пья** afßjányje chlópja
Hähnchen	**цыплёнок** tzipljónak
Haselnüsse	**фунду́к** fundúk
Himbeeren	**мали́на** malína
Honig	**мёд** mjot
Joghurt	**йо́гурт** jógurt
Kaffee	**ко́фе** kófe
Kakao	**кака́о** kakáo
Kalbfleisch	**теля́тина** tiljátina
Kartoffeln	**карто́фель** kartófil
Käse	**сыр** ßyr
Kekse	**пече́нье** pitschénje
Ketchup	**ке́тчуп** kétschup
Kirschen	**ви́шня** wischnja

Kiwi	**ки́ви** kíwi
Knoblauch	**чесно́к** tschißnók
Kohl	**капу́ста** kapúßta
Kotelett	**свина́я отбивна́я** ßwinája atbiwnája
Kräuter	**зе́лень** sélin
Kräutertee	**отва́р из трав** atwár iß traf
Kuchen	**пиро́г** pirók
Lammfleisch	**бара́нина** baránina
Lauch	**лук поре́й** luk parjéj
Leberpastete	**паштет из пе́чени** paschtjét iß pétschini
Limonade	**лимона́д** limanát
Mais	**кукуру́за** kukurúsa
Margarine	**маргари́н** margarín
Marmelade	**пови́дло** pawídla
Melone	**ды́ня** dýnja
Milch	**молоко́** malakó
fettarme Milch	**нежи́рное молоко́** nischýrnaje malakó
Mineralwasser mit Kohlensäure	**минера́льная вода́ с га́зом** minirálnaja wadá sgásam
Mineralwasser ohne Kohlensäure	**минера́льная вода́ без га́за** minirálnaja wadá bisgása
Möhren	**морко́вь** markóf
Müsli	**мю́сли** mjúßli
Nektarine	**нектари́н** niktarín
Nudeln	**макаро́ны** makaróny
Obst	**фру́кты** frúkty
Öl	**(расти́тельное) ма́сло** (raßtítilnaje) máßla
Oliven	**оли́вки** alífki
Olivenöl	**оли́вковое ма́сло** alífkawaje máßla
Ölsardinen	**сарди́ны в ма́сле** ßardíny wmáßli
Orange	**апельси́н** apilßín
Orangensaft	**апельси́новый сок** apilßínawy ßok
Paprika *(Gewürz)*	**па́прика** páprika

Paprikaschote .... **болгáрский пéрец** balgárßkij péritz
Peperoni .... **óстрый пéрец** óßtryj péritz
Petersilie .... **петрýшка** pitrúschka
Pfeffer .... **пéрец** péritz
Pfirsich .... **пéрсик** pérßik
Pflaume .... **слúва** ßlíwa
Pilze .... **грибы́** gribý
Reis .... **рис** riß
Rindfleisch .... **говя́дина** gawjádina
Rosmarin .... **розмарúн** rasmarín
Rotwein .... **крáсное винó** kráßnaje winó
Saft .... **сок** ßok
Sahne .... **слúвки** ßlífki
Salami .... **саля́ми** ßalámi
Salat .... **салáт** ßalát
Salz .... **соль** ßol
Schinken .... **ветчинá** witschiná
gekochter Schinken .... **варёный óкорок** warjóny ókarak
roher Schinken .... **ветчинá сырóго копчéния** witschiná ßyrówa kaptschénija
Schnittlauch .... **зелёный лук** siljóny luk
Schnitzel .... **шнúцель** schnítzyl
Schokolade .... **шоколáд** schykalát
Schwarzbrot .... **чёрный хлеб** tschórnyj chljeb
Schweinefleisch .... **свинúна** ßwinína
Spargel .... **спáржа** ßpárscha
Spinat .... **шпинáт** schpinát
Steak .... **бифштéкс** bifschtékß
Süßstoff .... **сахарúн** ßacharín
Tee .... **чай** tschaj
Thunfisch .... **тунéц** tunjétz
Tomate .... **помидóр** pamidór
Vollkornbrot .... **хлеб с отрубя́ми** chljep ßatrubjámii
Walnuss .... **грéцкий орéх** grétzkij arjéch

Wassermelone	**арбýз** arbúß
Wein	**винó** winó
Weintrauben	**виногрáд** winagrát
Weißbrot	**бéлый хлеб** bélyj chljep
Weißwein	**бéлое винó** bélaje winó
Wurst(aufschnitt)	**колбасá (нарéзка)** kalbaßá (naréßka)
Würstchen	**сосúски** ßaßíßki
Zitrone	**лимóн** limón
Zucchini	**кабачóк** kabatschók
Zucker	**сáхар** ßáchar
Zwieback	**сухарú** ßucharí
Zwiebel	**лук** luk

Kleidung

Ich suche ... — **Я ищý ...** ja ischú ...

Das könnten Sie hören:
◂ **Какóй у Вас размéр?** kakój u waß rasmjér? — Welche Größe haben Sie?

Ich habe Größe ... — **У меня́ размéр ...** u minjá rasmjér ...

Haben Sie das auch in Größe ...? — **Нет ли у Вас э́той вéщи ... размéра?** njet li uwaß ätaj wjéschi ... rasméra?

Haben Sie das auch in einer anderen Farbe? — **У вас есть э́то другóго цвéта?** u waß jeßtj äta drugówa tzwéta?

▸*Farben, S. 148*

Welches Material ist das? — **Какóй э́то материáл?** kakój äta materjál?

▸*Stoffe, S. 147*

Kann ich das anprobieren?	**Мóжно э́то примéрить?** móschna äta primèritj?
Wo sind die Umkleidekabinen?	**Где здесь примéрочные (каби́ны)?** gdje sdeßj primératschnyje (kabíny)?
Wo ist ein Spiegel?	**А где здесь зéркало?** a gdje sdeßj sérkala?
Es steht mir nicht.	**Мне э́то не идёт.** mnje äta ni idjót.
Das passt mir nicht.	**Мне э́то не подхóдит.** mnje äta ni patchódit.
Das ist mir zu ...	**Э́то мне ...** äta mnje ...
... groß.	**... великó.** ... wilikó.
... klein.	**... малó.** ... maló.
Das passt gut.	**Э́то впóру.** äta fpóru.

Info

Die russischen Damengrößen unterscheiden sich von den deutschen. Sie müssen zur deutschen Größe 6 dazuzählen, um die russische Größe zu erhalten. Der deutschen Größe 38 entspricht also die russische Größe 44.

Stoffe

Baumwolle	**хлóпок** chlópak
Filz	**вóйлок** wóilak
Fleece	**флис** fliß
Kamelhaar	**верблю́жий драп** wirbljúschij drap
Kaschmir	**кашеми́р** kaschimír

Leder	ко́жа kóscha
Leinen	лён ljon
Mikrofaser	иску́сственное волокно́ ißkúßtwinaje walaknó
Naturfaser	натура́льное волокно́ naturálnaje walaknó
Schafwolle	ове́чья шерсть awétschja scherßtj
reine Schurwolle	чи́стая шерсть tschíßtaja scherßtj
Seide	шёлк scholk
Synthetik	синте́тика ßintétika
Wildleder	за́мша sámscha
Wolle	шерсть scherßtj

Farben

beige	бе́жевый béschiwyj
blau	си́ний ßínij
braun	кори́чневый karítschniwyj
bunt	пёстрый pjóßtryj
dunkelblau	тёмно-си́ний tjómna-ßinij
dunkelrot	тёмно-кра́сный tjómna-kráßnyj
einfarbig	одното́нный adnatónyj
gelb	жёлтый schóltyj
golden	золоти́стый salatíßtyj
grau	се́рый ßéryj
grün	зелёный siljónyj
hellblau	голубо́й galubój
lila	лило́вый lilówyj
pink	я́рко-ро́зовый járka-rósawyj
rosa	ро́зовый rósawyj
rot	кра́сный kráßnyj
schwarz	чёрный tschórnyj
silbern	серебри́стый ßiribríßtyj

türkis	бирюзо́вый birjusówyj
weiß	бе́лый bélyj

Weitere Wörter

Anorak	анора́к anarák
Anzug	костю́м kaßtjúm
kurze Ärmel	коро́ткие рукава́ karótkije rukawá
lange Ärmel	дли́нные рукава́ dlínyje rukawá
Badeanzug	купа́льник kupálnik
Badehose	пла́вки pláfki
Bademantel	ба́нный хала́т bányj chalát
BH	бюстга́льтер bjusgáltär
Bikini	бики́ни bikíni
Blazer	бле́йзер bläjser
Bluse	блу́зка blúßka
Gürtel	реме́нь rimén
Halstuch	ше́йный плато́к schéjnyj platók
Handschuhe	перча́тки pirtschátki
Hemd	руба́шка rubáschka
Hose	брю́ки brjúki
Hut	шля́па schljápa
Jacke	ко́фта, ку́ртка kófta, kúrtka
Jeans	джи́нсы dschýnßy
Jogginghose	спорти́вные брю́ки ßpartíwnyje brjúki
Kleid	пла́тье plátje
Kostüm	костю́м kaßtjúm
Krawatte	га́лстук gálßtuk
kurz	коро́ткий karótkij
lang	дли́нный dlínyj
Mantel	пальто́ paltó
Mütze	ша́пка schápka
Pullover	пуло́вер pulówir

Regenjacke	**ку́ртка-дождеви́к**	kúrtka-daschdiwík
Regenmantel	**плащ**	plasch
Reißverschluss	**мо́лния**	mólnija
Rock	**ю́бка**	jupka
Sakko	**пиджа́к**	pidschák
Schal	**шарф**	scharf
Schlafanzug	**пижа́ма**	pischáma
Shorts	**шо́рты**	schórty
Slip	**тру́сики**	trúßiki
Socken	**носки́**	naßkí
Sonnenhut	**шля́па от со́лнца**	schljápa at ßóntza
Strümpfe	**чулки́**	tschulkí
Strumpfhose	**колго́тки**	kalgótki
T-Shirt	**футбо́лка**	futbólka
Unterhemd	**ни́жняя соро́чка**	níschnija ßarótschka
Unterwäsche	**ни́жнее бельё**	níschneje biljó
Weste	**жиле́тка**	schylétka

Schuhe

Ich möchte ein Paar ... **Я хочу́ па́ру ...** ja chatschú páru ...

Das könnten Sie hören:

◄**Како́й у Вас разме́р о́буви?**
kakój u waß rasmjér óbuwi?
Welche Schuhgröße haben Sie?

Ich habe Schuhgröße ... **У меня́ разме́р о́буви ...** u minjá rasmjér óbuwi ...

Der Absatz ist zu ... **Каблу́к сли́шком ...** kablúk ßlíschkam ...

... hoch. **... высо́кий.** ... wyßókij.

... niedrig.	**... низкий.** ... nißkij.
Sie sind zu groß.	**Они велики.** aní wilikí.
Sie sind zu klein.	**Они малы.** aní malý.
Sie drücken hier.	**Они здесь давят.** aní sdjeß dáwjat.
Bitte erneuern Sie die ...	**Пожалуйста, замените ...** paschálußta, saminíti ...
... Absätze.	**... набойки.** ... nabójki.
... Sohlen.	**... подошву.** ... padóschwu.

Weitere Wörter

Badeschuhe	**пляжные тапочки** pljáschnyje tápatschki
Bergschuhe	**горные ботинки** górnyje batínki
Einlegesohlen	**стельки** ßtélki
eng	**узкий** úßkij
Größe	**размер** rasmjér
Gummistiefel	**резиновые сапоги** risínawyje ßapagí
Halbschuhe	**полуботинки** polubatínki
Ledersohle	**кожаная подошва** kóschynaja padóschwa
Pumps	**дамские туфли** dámßkije túfli
Sandalen	**сандали** ßandáli
Schnürsenkel	**шнурки** schnurkí
Schuhcreme	**крем для обуви** krem dlja óbuwi
Schuhe	**туфли** túfli
Schuhputzmittel	**средство для чистки обуви** ßrétßtwa dlja tschíßtki óbuwi
Stiefel	**сапоги** ßapagí

Turnschuhe .... **кроссо́вки** kraßófki
Wanderschuhe .... **похо́дные боти́нки** pachódnyje batínki

Uhren & Schmuck

Ich suche ein hübsches ...	**Я ищу́ краси́вый ...** ja ischú kraßíwyj ...
... Andenken.	**... сувени́р.** ... ßuwinír.
... Geschenk.	**... пода́рок.** ... padárak.

Das könnten Sie hören:

◂ **На каку́ю су́мму?** na kakúju ßúmu?	Wie viel darf es denn kosten?

Woraus ist das?	**Из чего́ э́то сде́лано?** iß tschiwó äta sdjélana?
Ich brauche eine neue Batterie für die Uhr.	**Мне нужна́ но́вая батаре́йка для часо́в.** mnje nuschná nówaja bataréjka dlja tschißóf.

Weitere Wörter

Anhänger .... **подве́ска** padwjéßka
Armband .... **брасле́т** braßlét
Brosche .... **брошь** brosch
Diamant .... **бриллиа́нт** briliánt
Gold .... **зо́лото** sólata
Karat .... **кара́т** karát
Kette .... **цепо́чка** tzypótschka
Modeschmuck .... **бижуте́рия** bischutérija
Ohrklipse .... **кли́псы** klípßy

Ohrringe ..... **сéрьги** ßjérgi
Perle ..... **жемчýжина** schymtschúschyna
Ring ..... **кольцó** kaltzó
Schmuck ..... **украшéние** ukraschénije
Silber ..... **серебрó** ßiribró
Uhr ..... **часы́** tschißý
Uhrarmband ..... **ремешóк для часóв** rimischók dlja tschißóf
vergoldet ..... **позолóчен** pasalótschin

Körperpflege

allergiegetestet ..... **протестúрован на аллергúю** prateßtírawan na alirgíju
Binden *(Damenbinden)* ..... **гигиенúческие проклáдки** gigijenítschißkije praklátki
Bürste ..... **щётка** schjótka
Deo ..... **дезодорáнт** disadaránt
Duschgel ..... **гель для дýша** gel dlja dúscha
feuchte Tücher ..... **влáжные салфéтки** wláschnyje ßalfétki
Haargel ..... **гель для волóс** gel dlja walóß
Haargummi ..... **резúнка для волóс** risínka dlja walóß
Haarklammern ..... **невидúмки** nividímki
Haarspange ..... **закóлка для волóс** sakólka dlja walóß
Haarspray ..... **лак для волóс** lak dlja walóß
Handcreme ..... **крем для рук** krem dlja ruk
Kajalstift ..... **карандáш для глаз** karandásch dlja glaß
Kamm ..... **расчёска** raschjóßka
Kondome ..... **презервативы** prisirwatíwy
Körperlotion ..... **лосьóн для тéла** laßjón dlja téla
Kosmetiktücher ..... **косметúческие салфéтки** kaßmitítschißkije ßalfétki

Lichtschutzfaktor	солнцезащи́тный фа́ктор ßontzysaschítnyj fáktar
Lidschatten	те́ни для век téni dlja wjek
Lippenpflegestift	гигиени́ческая пома́да gigijenítschißkaja pamáda
Lippenstift	пома́да pamáda
Mückenschutz	защи́та от комаро́в saschíta at kamaróf
Nachtcreme	ночно́й крем natschnój krem
Nagelbürste	щётка для ногте́й schjótka dlja naktéj
Nagelfeile	пи́лочка pílatschka
Nagellack	лак для ногте́й lak dlja naktéj
Nagellackentferner	жи́дкость для сня́тия ла́ка schýtkaßtj dlja ßnjátija láka
Nagelschere	но́жницы для ногте́й óschnitzy dlja naktéj
Papiertaschen-tücher	бума́жные плато́чки umáschnyje platótschki
Parfüm	духи́ duchí
parfümfrei	без за́паха bis-sápacha
Pflaster	пла́стырь pláßtyr
Pinzette	пинце́т pintzät
Rasierklinge	ле́звие ljéswije
Rasierschaum	пе́на для бритья́ pjéna dlja britjá
Reinigungsmilch	космети́ческое молочко́ kaßmitítschißkaje malatschkó
Rouge	румя́на rumjána
Schaumfestiger	пе́нка для воло́с pénka dlja walóß
Seife	мы́ло mýla
Shampoo	шампу́нь schampún
Sonnencreme	крем от со́лнца krem at ßóntza
Sonnenmilch	молочко́ для зага́ра malatschkó dlja sagára
Spiegel	зе́ркало sérkala
Tagescreme	дневно́й крем dniwnój krem

Tampons .... тампо́ны гигиени́ческие tampóny gigijenítschißkije
Toilettenpapier .... туале́тная бума́га tualétnaja bumága
Waschlappen .... моча́лка matschálka
Watte .... ва́та wáta
Wattestäbchen .... ва́тные па́лочки wátnyje pálatschki
Wimperntusche .... тушь для ресни́ц tusch dlja rißnítz
Zahnbürste .... зубна́я щётка subnája schjótka
elektrische Zahnbürste .... электри́ческая зубна́я щётка yliktrítschißkaja subnája schótka
Zahnpasta .... зубна́я па́ста subnája páßta
Zahnseide .... зубна́я нить subnája nitj
Zahnstocher .... зубочи́стка subatschíßtka

Haushalt

Adapter .... ада́птер adápter
Alufolie .... алюми́ниевая фольга́ aljumínijewaja falgá
Batterie .... аккумуля́тор akamuljátar
Besen .... ве́ник wénik
Brennspiritus .... денатури́рованный спирт dinaturírawany ßpirt
Bügeleisen .... утю́г utjúk
Dosenöffner .... консе́рвный нож kanßérwnyj nosch
Eimer .... ведро́ widró
Feuerzeug .... зажига́лка saschygálka
Flaschenöffner .... открыва́лка atkrywálka
Fleckenentferner .... пятновыводи́тель pjatnawywadítil
Föhn .... фен fen
Frischhaltefolie .... плёнка для проду́ктов pljónka dlja pradúktaf
Gabel .... ви́лка wílka

Glühlampe .... лáмпочка lámpatschka
Glas .... стакáн ßtakán
Grillanzünder .... зажигáлка для грíля saschygálka dlja grílja
Grillkohle .... древéсный ýголь driwjéßnyj úgal
Insektenspray .... аэрозóль от насекóмых ayrasól at naßikómych
Kerzen .... свéчи ßwétschi
Korkenzieher .... штóпор schtópar
Küchenrolle .... бумáжные полотéнца bumáschnyje palaténtza
Kühltasche .... сýмка-холодíльник ßúmka-chaladílnik
Löffel .... лóжка lóschka
Messer .... нож nosch
Moskitospirale .... спирáль от комарóв ßpirál at kamaróf
Nähgarn .... нíтки nítki
Nähnadel .... игóлка igólka
Pfanne .... сковородá ßkawaradá
Plastikbecher .... пластмáссовый стакáнчик plaßmáßawyj ßtakántschik
Plastikbesteck .... плáстиковые прибóры pláßtikawyje pribóry
Rasierapparat .... электробрíтва älektrabrítwa
Reinigungsmittel .... чíстящее срéдство tschíßtischije ßrétßtwa
Plastikteller .... плáстиковая тарéлка pláßtikawaja tarjélka
Schere .... нóжницы nóschnitzy
Servietten .... салфéтки ßalfjétki
Sicherheitsnadel .... англíйская булáвка anglíoßkaja buláfka

Spülmittel	**средство для мытья́ посу́ды** ßrétßtwa dlja mytjá paßúdy
Spültuch	**тря́пка для посу́ды** trjápka dlja paßúdy
Streichhölzer	**спи́чки** ßpítschki
Taschenlampe	**карма́нный фона́рик** karmányj fanárik
Taschenmesser	**складно́й нож** ßkladnój nosch
Taschenrechner	**калькуля́тор** kalkuljátar
Tasse	**ча́шка** tscháschka
Tauchsieder	**кипяти́льник** kipitílnik
Teller	**таре́лка** tarjélka
Thermosflasche®	**те́рмос** térmaß
Topf	**кастрю́ля** kaßtrjúlja
Verlängerungs-schnur	**удлини́тель** udlinítil
Wäscheklammern	**прище́пки** prischépki
Wäscheleine	**верёвка для белья́** wirjófka dlja biljá
Waschpulver	**стира́льный порошо́к** ßtirálny paraschók
Wasserkocher *(elektrisch)*	**эле́ктрочáйник** yléktratschájnik
Wecker	**буди́льник** budílnik
Wischlappen	**тря́пка** trjápka

Optiker

Meine Brille ist kaputt.	Мои́ очки́ слома́лись. ma-í atschkí ßlamáliß.
Können Sie das reparieren?	Вы э́то мо́жете отремонти́ровать? wy äta móschyti atrimantírawatj?

Ich möchte eine Sonnenbrille.	**Мне нужны́ солнцезащи́тные очки́.** mnje nuschný ßontzisaschítnyje atschkí.
Ich brauche Eintageslinsen.	**Мне нужны́ однодне́вные конта́ктные ли́нзы.** mnje nuschný adnadnjéwnyje kantáktnyje línsy.
Ich bin ...	**У меня́ ...** u minjá ...
... kurzsichtig.	**... близору́кость.** ... blisarúkaßtj.
... weitsichtig.	**... дальнозо́ркость.** ... dalnasórkaßtj.

Das könnten Sie hören:

◂ **Каки́е у Вас дио́птрии?**
kakíje u wáß dióptrii?

Wie viel Dioptrien haben Sie?

Ich habe links ... Dioptrien und rechts ... Dioptrien.	**У меня́ сле́ва ... дио́птрий и спра́ва ... дио́птрий.** u minjá ßléwa ... dióptrij i ßpráwa ... dióptrij.
Ich habe eine Kontaktlinse verloren.	**Я потеря́л(♀ а) конта́ктную ли́нзу.** ja patirjál(♀ a) kantáktnyju línsu.
Ich brauche Aufbewahrungslösung für ... Kontaktlinsen.	**Мне ну́жен раство́р для хране́ния ... конта́ктных линз.** mnje núschin raßtwór dlja chranénija ... kantáktnych linß.
Ich brauche Reinigungslösung für ... Kontaktlinsen.	**Мне ну́жен раство́р для очи́стки ... конта́ктных линз.** mnje núschin raßtwór dlja atschíßtki ... kantáktnych linß.

... harte	... твёрдых	... twjórdych
... weiche	... мягких	... mjáchkich

Fotoartikel

Ich hätte gern ...	Я хотéл(♀ а) бы ...	
... eine Speicherkarte.	... кáрту пáмяти.	... kártu pámiti.
... einen USB-Stick.	... флéшку	... fläschku

Souvenirs

Ich möchte ...	Я хотéл (♀ а) бы ...	ja chatjél(♀ a) by ...
... ein hübsches Andenken.	... красúвый сувенúр.	... kraßíwyj ßuwinír.
... ein Geschenk.	... подáрок.	... padárak.
... etwas Typisches aus dieser Gegend.	... чтó-нибудь типúчное из э́того региóна.	... schtó-nibutj tipítschnaje is ätawa rigióna.
Ist das Handarbeit?	Э́то ручнáя рабóта?	äta rutschnája rabóta?
Ist das antik?	Э́то антиквариáт?	äta antikwariát?
Ist das echt?	Э́то настоя́щее?	äta naßtajáschije?

Weitere Wörter

Andenken .... **сувени́р** ßuwinír
antik .... **антиква́рный** antikwárnyj
Antiquität .... **антиквариа́т** antikwariát
Balalaika .... **балала́йка** balalájka
Becher .... **бока́л** bakál
Bernstein .... **янта́рь** jintár
Decke .... **ска́терть** ßkátirtj
echt .... **настоя́щий** naßtajáschji
Geschirr .... **посу́да** paßúda
Gürtel *(Hosen)* .... **реме́нь** rimjén
Gürtel *(Kleider)* .... **по́яс** pójiß
Handarbeit .... **ручна́я рабо́та** rutschnája rabóta
handgemacht .... **сде́ланный вручну́ю** sdélanyj wrutschnúju
handgemalt .... **ручно́й ро́списи** rutschnój róßpißi
handgeschnitzt .... **ручно́й резьбы́** rutschnój risbý
handgestrickt .... **ручно́й вя́зки** rutschnój wjáßki
Handtasche .... **су́мка** ßúmka
Holzlöffel .... **деревя́нная ло́жка** diriwjánaja lóschka
Kalender .... **календа́рь** kalindár
Kanne .... **кувши́н** kufschín
Keramik .... **кера́мика** kirámika
Kunsthandwerk .... **реме́сленное иску́сство** riméßlinaje ißkúßtwa
Leder .... **ко́жа** kóscha
Matrjoschka *(Puppe in der Puppe)* .... **матрёшка** matrjóschka
Pelzmütze .... **мехова́я ша́пка** michawája schápka
Samowar .... **самова́р** ßamawár
Schatulle .... **шкату́лка** schkatúlka
Schmuck .... **украше́ние** ukraschénije

Schüssel .... **миска** mißka
Seidentuch .... **шёлковый платок** schólkawyj platók
Spitze .... **кружево** krúschiwa
Steingut .... **фаянс** fajánß
Tablett .... **поднос** padnóß
Tasse .... **чашка** tscháschka
Teegläser .... **чайные стаканы** tscháinyje ßtakány
Teekanne .... **чайник** tschájnik
Tischdecke .... **скатерть** ßkátirtj
Töpferware .... **гончарное изделие** gantschárnaje isdélije
Tuch .... **платок** platók
typisch .... **типичный** tipítschnyj
Vase .... **ваза** wása
Zertifikat .... **сертификат** ßirtifikát

Musik

Haben Sie CDs von ...?
У вас есть компакт-диски ...?
u waß jeßtj kampákt-dißki ...?

Ich hätte gerne eine CD mit traditioneller russischer Musik.
Мне нужен компакт-диск с традиционной русской музыкой.
mnje núschyn kampákt-dißk ßtraditzyónaj rúßkaj músykaj.

Was können Sie mir empfehlen?
Что Вы можете мне порекомендовать?
schto wy móschyti mnje parikaméndawatj?

Kann ich mir das anhören?
Можно это послушать?
móschna äta paßlúschytj?

Weitere Wörter

CD	компа́кт-диск kompákt-dißk
Kopfhörer	нау́шники na-úschniki
MP3-Player	цифрово́й пле́йер tzyfrawój pläjir
Musik	му́зыка músyka
Radio	ра́дио rádio
USB-Stick	флё́шка fläschka

Schreibwaren & Tabakwaren

Ich hätte gerne ...	Я хоте́л(♀ а) бы ... ja chatjél(♀ a) by ...
... eine (deutsche) Zeitung.	... (неме́цкую) газе́ту. ... (nimjétzkuju) gasétu.
... eine (deutsche) Zeitschrift.	... (неме́цкий) журна́л. ... (nimjétzkij) schurnál.
... ein deutsches Buch.	... кни́гу на неме́цком языке́. ... knígu na nimjétzkam jisykjé.
... eine Karte der Umgebung.	... ка́рту окре́стностей. ... kártu akréßnaßtij.
... einen Stadtplan.	... ка́рту го́рода. ... kártu górada.
Haben Sie auch eine neuere Zeitung?	У Вас есть бо́лее све́жая газе́та? u waß jeßtj bólije ßwéschaja gaséta?
Haben Sie deutsche Bücher?	У Вас есть кни́ги на неме́цком языке́? u waß jeßtj knígi na nimjétzkam jisykjé?
Eine Schachtel Zigaretten ... Filter, bitte.	Па́чку сигаре́т ..., пожа́луйста. pátschku ßigarjét ..., paschálußta.

... mit	... с фи́льтром ... ßfíltram
... ohne	... без фи́льтра ... biß fíltra
Eine Schachtel ..., bitte.	Па́чку ..., пожа́луйста. pátschku ..., paschálußta.
Eine Stange ..., bitte.	Блок ..., пожа́луйста. blok ..., paschálußta.
Ein Päckchen ..., bitte.	Па́чку ... табака́, пожа́луйста. pátschku ... tabaká, paschálußta.
... Pfeifentabak	... тру́бочного ... trúbatschnawa
... Zigarettentabak	... сигаре́тного ... ßigarétnawa
Ein Feuerzeug, bitte.	Пожа́луйста, зажига́лку. paschálußta, saschygálku.
Einmal Streichhölzer, bitte.	Пожа́луйста, спи́чки. paschálußta, ßpítschki.

Weitere Wörter

Ansichtskarte	откры́тка (с ви́дом) atkrýtka (ßwídam)
Bleistift	каранда́ш karandásch
Briefpapier	бума́га для пи́сем bumága dlja píßim
Briefumschlag	конве́рт kanwjért
Filzstift	флома́стер flamáßtir
Illustrierte	журна́л schurnál
Klebeband	кле́йкая ле́нта kléjkaja ljénta
Klebstoff	клей klej
Kochbuch	пова́ренная кни́га pawárinaja kníga
Krimi	детекти́в dytyktíf
Kugelschreiber	ша́риковая ру́чка schárikawaja rútschka
Papier	бума́га bumága
Pfeife	тру́бка trúpka

Pfeifenreiniger	**приспособле́ние для чи́стки тру́бок** prißpaßablénije dlja tschíßtki trúbak
Radiergummi	**рези́нка** risínka
Radtourenkarte	**ка́рта велосипе́дных маршру́тов** kárta wilaßipédnych marschrútaf
Reiseführer	**путеводи́тель** putiwadítil
Roman	**рома́н** ramán
Schreibblock	**блокно́т** blaknót
Spielkarten	**игра́льные ка́рты** igrálnyje kárty
Spitzer	**точи́лка** tatschílka
Straßenkarte	**ка́рта автомоби́льных доро́г** kárta aftamabílnych darók
Tabak	**таба́к** tabák
Wanderkarte	**тури́стская ка́рта** turíßkaja kárta
Wörterbuch	**слова́рь** ßlawár
Zigaretten	**сигаре́ты** ßigaréty
Zigarillos	**то́нкие сига́ры** tónkije ßigáry
Zigarren	**сига́ры** ßigáry

Aktivitäten

... die wichtigsten Sätze

Wo geht es zum Strand?
Как пройти́ к пля́жу?
kak prajtí kpljáschu?

Darf man hier baden?
Здесь мо́жно купа́ться?
sdjeß móschna kupátza?

Ist es für Kinder gefährlich?
Э́то опа́сно для дете́й?
äta apáßna dlja ditéj?

Ich möchte einen Liegestuhl ausleihen.
▸*Baden, S. 168*
Я хоте́л(♀ а) бы взять напрока́т шезло́нг.
ja chatjél(♀ a) by wsjátj naprakát schyslónk.

Darf ich mitspielen?
▸*Spiele, S. 174*
Мо́жно мне с Ва́ми поигра́ть?
móschna mnje ßwámi pa-igrátj?

Ich möchte nach ... wandern.
Я хоте́л(♀ а) бы соверши́ть похо́д в ...
ja chatjél(♀ a) by ßawirschítj pachót w ...

Sind wir auf dem richtigen Weg nach ...?
Мы здесь на пра́вильном пути́ в ...?
my sdjeß na práwilnam putí w ...?

Wie weit ist es noch bis ...?
▸*Wandern & Trekking, S. 176*
Как далеко́ ещё до ...?
kak dalikó jischó da ...?

Ich möchte ein Fahrrad mieten.

Я хотéл(♀ а) бы взять напрокáт велосипéд.
ja chatjél(♀ a) by wsjatj naprakát wilaßipét.

Ich möchte es für einen Tag mieten.
▸Rad fahren, S. 177

Я хотéл(♀ а) бы взять егó напрокáт на оди́н день.
ja chatjél(♀ a) by wsjátj jiwó naprakát na adín djen.

Wie viel kostet der Eintritt?

Скóлько стóит билéт?
ßkólka ßtó-it biljét?

Eine Karte bitte.

Оди́н билéт, пожáлуйста.
adín biljét, paschálußta.

Darf man fotografieren?
▸Besichtigungen, S. 180

Мóжно фотографи́ровать?
móschna fatagrafírawatj?

Wann beginnt die Vorstellung?
▸Theater, Kino, Musik, S. 188

Когдá начинáется представлéние?
kagdá natschinájitza pritßtawlénije?

Gibt es hier eine nette Kneipe?

Здесь есть ую́тный бар?
sdjeß jeßtj ujútny bar?

Ist hier noch frei?
▸Ausgehen, S. 191

Здесь свобóдно?
sdjeß ßwabódna?

Baden

Wo geht es zum Strand?	**Как пройти́ к пля́жу?** kak prajtí kpljáschu?
Darf man hier baden?	**Здесь мо́жно купа́ться?** sdjeß móschna kupátza?
Gibt es hier Strömungen?	**Здесь есть подво́дные тече́ния?** sdjeß jeßtj padwódnyje titschénija?
Ist es für Kinder gefährlich?	**Э́то опа́сно для дете́й?** äta apáßna dlja ditéj?
Wann ist ...	**Когда́ быва́ет ...** kagdá bywájit ...
... Ebbe?	**... отли́в?** ... atlíf?
... Flut?	**... прили́в?** ... prilíf?
Gibt es hier Quallen?	**Здесь есть меду́зы?** sdjeß jeßtj midúsy?
Ich möchte ... ausleihen.	**Я хоте́л(♀ а) бы взять напрока́т ...** ja chatjél(♀ a) by wsjátj naprakát ...
... einen Liegestuhl	**... шезло́нг.** ... schyslónk.
... einen Sonnenschirm	**... зо́нтик от со́лнца.** ... sóntik at ßóntza.
... ein Boot	**... ло́дку.** ... lótku.
Ich möchte einen ... machen.	**Я хоте́л(♀ а) бы посети́ть ку́рсы ...** ja chatjél(♀ a) by paßitítj kúrßy ...
... Tauchkurs	**... аквалангíстов.** ... akwalangíßtaf.
... Windsurfkurs	**... виндсёрфинга.** ... wintßjórfinga.
Was kostet es pro ...	**Ско́лько э́то сто́ит ...** ßkólka äta ßtó-it ...
... Stunde?	**... в час?** ... ftschaß?
... Tag?	**... в день?** ... wdjen?

Können Sie kurz auf meine Sachen aufpassen?	**Посмотри́те, пожа́луйста, мину́точку за мои́ми веща́ми?** paßmatríti, paschálußta, minútatschku sa ma-ími wischámi?
Gibt es hier ein ...	**Здесь есть ... бассе́йн?** sdjeß jeßtj ... baßéjn?
... Freibad?	**... откры́тый** ... atkrýtyj
... Hallenbad?	**... закры́тый** ... sakrýtyj
Gibt es auch ein Kinderbecken?	**А де́тский бассе́йн то́же есть?** a djétzki baßéjn tóschy jeßtj?
Welche Münzen brauche ich für ...	**Каки́е моне́ты мне пона́добятся для ...** kakíje manéty mnje panádabjatza dlja ...
... das Schließfach?	**... ка́меры хране́ния?** ... kámiry chranénija?
... den Haartrockner?	**... фе́на?** ... féna?
Ich möchte ... kaufen.	**Я хоте́л(♀ а) бы купи́ть ...** ja chatjél(♀ a) by kupítj ...
... eine Badekappe	**... купа́льную ша́почку.** ... kupálnuju schápatschku.
... eine Schwimmbrille	**... очки́ для пла́вания.** ... atschkí dlja plawanja.
... ein Handtuch	**... полоте́нце.** ... palaténtzy.
Wo sind die ...	**Где нахо́дятся ...** gdje nachódjatza ...
... Duschen?	**... душевы́е?** ... duschiwýje?
... Umkleidekabinen?	**... каби́ны для переодева́ния?** ... kabíny dlja piri-adiwánija?
Wo ist die Erste-Hilfe-Station?	**Где медпу́нкт?** gdje metpúnkt?

Weitere Wörter

baden	**купа́ться** kupátza
Bootsverleih	**прока́т ло́док** prakát lódak
Dusche	**душ** dusch
Ebbe	**отли́в** atlíf
FKK-Strand	**нуди́стский пляж** nudíßkij pljasch
Luftmatratze	**надувно́й матра́с** naduwnój matráß
Meer	**мо́ре** móri
Motorboot	**мото́рная ло́дка** matórnaja lótka
Muscheln	**раку́шки** rakúschki
Nicht-schwimmer(in)	**не уме́ет пла́вать** ni uméjit pláwatj
Rettungsring	**спаса́тельный круг** ßpaßátilnyj kruk
Ruderboot	**ло́дка на вёслах** lótka na wjóßlach
Sand	**песо́к** pißók
Sandstrand	**песча́ный пляж** pischányj pljasch
Schatten	**тень** tjen
Schlauchboot	**надувна́я ло́дка** naduwnája lótka
Schnorchel	**дыха́тельная тру́бка** dychátilnaja trúpka
Schwimmbad	**бассе́йн** baßéjn
schwimmen	**пла́вать** pláwatj
Schwimmflossen	**ла́сты** láßty
Schwimmflügel	**пла́вательные манже́ты** pláwatilnyje manschéty
See	**о́зеро** ósira
Seeigel	**морско́й ёж** marßkój josch
Segelboot	**па́русная ло́дка** párußnaja lótka
Sonne	**со́лнце** ßóntzy
Sonnenbrille	**солнцезащи́тные очки́** ßólntzysaschítnyje atschkí
Sonnencreme	**крем от со́лнца** krem at ßóntza
Sprungbrett	**трампли́н** tramplín

Strandbad	**пляж** pljasch
Strandkorb	**плетёное крéсло с тéнтом** plitjónaje krjéßla ßténtam
Sturmwarnung	**штормовóе предупреждéние** schtarmawóje pridupríschdénije
Surfbrett	**доскá для сёрфинга** daßká dlja ßjórfinga
tauchen	**нырять** nyrjátj
Taucheranzug	**костюм аквалангиста** kaßtjúm akwalangíßta
Taucherausrüstung	**снаряжéние аквалангиста** ßnarischénije akwalangíßta
Taucherbrille	**очки для ныряния** atschkí dlja nyrjánija
Tretboot	**вóдный велосипéд** wódny wilaßipjét
Umkleidekabine	**раздевáлка** rasdiwálka
Wasser	**водá** wadá
Wasserball	**вóдное пóло** wódnaje póla
Wasserski	**вóдные лыжи** wódnyje lýschy
Welle	**волнá** walná
Wellenbad	**бассéйн с вóлнами** baßéjn ßwólnami

Wellness

Gibt es hier ...	**Здесь есть ...** sdjeß jeßtj ...
... eine Therme?	**... тéрмы?** ... tǻrmy?
... eine Sauna?	**... сáуна?** ... ßáuna?
... ein Fitnessstudio?	**... фитнес-клуб?** ... fítnyß-klúp?
Bieten Sie auch ... an?	**Вы предлагáете тáкже занятия ...** wy pridlagájiti tákschy sanjátija ...
... Pilateskurse	**... пилáтесом?** ... piláteßam?
... Yogakurse	**... йóгой?** ... jógaj?

Ich hätte gerne einen Termin für ...	Я бы хотéл(♀ а) записáться на ... ja by chatjél(♀ a) sapißátza na ...
Machen Sie auch ...	А Вы дéлаете ... a wy djélajiti ...
... Gesichtsmassagen?	... массáж лицá? ... maßásch litzá?
... Lymphdrainagen?	... лимфодренáж? ... limfadrinásch?
Ich hätte gerne eine Gesichtsbehandlung.	Я бы хотéл(♀ а) ухóд за лицóм. ja by chatjél(♀ a) uchót sa litzóm.
Ich habe ...	У меня́ ... u minjá ...
... normale Haut.	... нормáльная кóжа. ... narmálnaja kóscha.
... fettige Haut.	... жи́рная кóжа. ... schýrnaja kóscha.
... trockene Haut.	... сухáя кóжа. ... ßuchája kóscha.
... Mischhaut.	... смéшанная кóжа. ... ßméschanaja kóscha.
... empfindliche Haut.	... чувстви́тельная кóжа. ... tschußtwítilnaja kóscha.
Ich möchte mir die ... färben lassen.	Я бы хотéл(♀ а) покрáсить ... ja by chatjél(♀ a) pakráßitj ...
... Wimpern	... ресни́цы. ... rißnítzy.
... Augenbrauen	... брóви. ... bröwi.
Bitte eine ...	Пожáлуйста, сдéлайте ... paschálußta, sdjélaiti ...
... Maniküre.	... маникю́р. ... manikjúr.
... Pediküre.	... педикю́р. ... pidikjúr.

Weitere Wörter

Akupunktur .... акупунктýра akupunktúra
Algenbad .... вóдорослевая вáнна wódaraßliwaja wána
Aromaöl .... ароматúческое мáсло aramatítschißkaje máßla
Ayurveda .... аюрвéда ajurwéda
Dampfbad .... паровáя бáня parawája bánja
Dekolleté .... декольтé dykaltä́
Entschlackung .... вы́вод шлáков wýwat schlákaf
Fango .... фáнго fángo
Feuchtigkeitsmaske .... увлажня́ющая мáска uwlaschnjájuschaja máßka
Fußreflexzonen-massage .... рефлексолóгия riflekßalógija
Gesicht .... лицó litzó
Hals .... шéя schéja
Hautdiagnose .... диáгноз кóжи diágnaß kóschy
Kaltwasser-anwendungen .... испóльзование холóдной воды́ ißpólsawanije chalódnaj wadý
Maske .... мáска máßka
Massage .... массáж maßásch
Packung .... упакóвка upakófka
Peeling .... пúлинг pilink
Reinigung .... чúстка tschíßtka
Sauna .... сáуна ßáuna
Schlammbad .... грязевáя вáнна grasjewája wána
Solarium .... солярий ßaljárij
Thermalbad .... термáльная вáнна tyrmálnaja wána
Wechselbäder .... контрáстный душ kantráßnyj dusch
Whirlpool® .... джакýзи dschakúsi
Yoga .... йóга jóga

Spiele

Darf ich mitspielen?	**Мо́жно мне с Ва́ми поигра́ть?** mósсhna mnje ßwámi pa-igrátj?
Wir hätten gern einen Squashcourt für eine halbe Stunde.	**Мы хоте́ли бы снять корт для сквóша на полчаса́.** my chatjéli by ßnjátj kort dlja ßkwóscha na poltschißá.
Wir hätten gern einen ... für eine Stunde.	**Мы хоте́ли бы снять на час ...** my chatjéli by ßnjátj na tschaß ...
... Tennisplatz	**... те́ннисный корт.** ... täništnyj kort.
... Badmintonplatz	**... площа́дку для бадминто́на.** ... plaschátku dlja badmintóna.
Wo kann man hier ... spielen?	**Где здесь мо́жно поигра́ть ...** gdje sdjeß móschna pa-igrátj ...
... Bowling	**... в бо́улинг?** ... wbóulink?
... Billard	**... в биллиа́рд?** ... wbiliárt?
Ich möchte ... ausleihen.	**Я хоте́л(♀ а) бы взять напрока́т ...** ja chatjél(♀ a) by wsjátj naprakát ...
Haben Sie ...	**У Вас есть ...** u waß jeßtj ...
... Spielkarten?	**... игра́льные ка́рты?** ... igrálnyje kárty?
... Gesellschaftsspiele?	**... насто́льные и́гры?** ... naßtólnyje ígry?
Können wir ein Schachspiel ausleihen?	**Вы не могли́ бы одолжи́ть нам ша́хматы?** wy ni maglí by adalschýtj nam scháchmaty?

Weitere Wörter

Badminton .... бадминтóн badmintón
Ball .... мяч mjatsch
Basketball .... баскетбóл baßkitból
Beachvolleyball .... пля́жный волейбóл pljáschnyj waliból
Fußball *(Spiel)* .... футбóл futból
Fußball *(Ball)* .... футбóльный мяч futbólnyj mjatsch
Fußballplatz .... футбóльное пóле futbólnaje póli
gewinnen .... вы́играть wý-igratj
Golf .... гольф golf
Golfball .... мя́чик для гóльфа mjátschik dlja gólfa
Golfplatz .... площа́дка для гóльфа plaschátka dlja gólfa
Golfschläger .... клю́шка для гóльфа kljúschka dlja gólfa
Handball .... гандбóл gantból
Kegelbahn .... кегельба́н kegilbán
kegeln .... игра́ть в ке́гли igrátj fkégli
Mannschaft .... кома́нда kamánda
Minigolfplatz .... площа́дка для минигóльфа plaschátka dlja minigólfa
Sieg .... побе́да pabjéda
Spiel .... игра́ igrá
spielen .... игра́ть igrátj
Spielplatz .... де́тская площа́дка djétzkaja plaschátka
Squash .... сквош ßkwosch
Squashball .... мяч для сквóша mjatsch dlja ßkwóscha
Squashschläger .... раке́тка для сквóша rakjétka dlja ßkwóscha
Tennis .... те́ннис täniß
Tennisball .... те́ннисный мяч tänißnyj mjatsch
Tennisschläger .... те́ннисная раке́тка tänißnaja rakjétka
Tischtennis .... настóльный те́ннис naßtólnyj täniß

Tor	воро́та waróta
Tor *(Treffer)*	гол gol
Torwart	врата́рь wratár
unentschieden	ничья́ nitschjá
verlieren	проигра́ть pra-igrátj
Volleyball	волейбо́л waliból

Wandern & Trekking

Ich möchte nach ... wandern.	**Я хоте́л(♀ а) бы соверши́ть похо́д в ...** ja chatjél(♀ a) by ßawirschítj pachót w ...
Ich möchte auf den ... steigen.	**Я хоте́л(♀ а) бы соверши́ть восхожде́ние на ...** ja chatjél(♀ a) by ßawirschítj waßchaschdénije na ...
Können Sie mir eine ... Tour empfehlen?	**Вы не могли́ бы посове́товать мне ...** wy ni maglí by paßawétawatj mnje ...
... leichte	**... лёгкий маршру́т?** ... ljóchki marschrút?
... mittelschwere	**... маршру́т сре́дней сло́жности?** ... marschrút ßrjédnej ßlóschnaßti?
Wie lange dauert sie ungefähr?	**Как до́лго э́то приблизи́тельно займёт?** kak dólga äta priblisítilna sajmjót?
Ist der Weg gut markiert?	**Маршру́т хорошо́ разме́чен?** marschrút charaschó rasmétschin?
Ist der Weg gut gesichert?	**Маршру́т безопа́сен?** marschrút bisapaßin?
Kann man unterwegs einkehren?	**Мо́жно ли бу́дет в пути́ подкрепи́ться?** móschna li búdit fputí patkrepítza?

Kann ich in diesen Schuhen gehen?	Я могу́ идти́ в э́той о́буви? ja magú it-tí wätoj óbuwi?
Gibt es geführte Touren?	Есть ли турпохо́ды с инстру́ктором? jeßtj li turpachódy ßinßtrúktaram?
Um wie viel Uhr fährt die letzte Bahn hinunter?	В кото́ром часу́ идёт после́дний по́езд вниз? fkatóram tschißú idjót paßlédnij pó-ißt wniß?
Sind wir auf dem richtigen Weg nach ...?	Мы здесь на пра́вильном пути́ в ...? my sdjeß na práwilnam putí w ...?
Wie weit ist es noch bis ...?	Как далеко́ ещё до ...? kak dalikó jischó da ...?

Rad fahren

Ich möchte ein ... mieten.	Я хоте́л(♀ а) бы взять напрока́т ... ja chatjél(♀ a) by wsjatj naprakát ...
... Fahrrad	... велосипе́д. ... wilaßipét.
... Mountainbike	... го́рный велосипе́д. ... górny wilaßipét.
Ich hätte gern ein Fahrrad mit ... Gängen.	Я хоте́л(♀ а) бы велосипе́д с ... скоростя́ми. ja chatjél(♀ a) by wilaßipét ß ... ßkaraßtjámi.
Haben Sie auch ein Fahrrad mit Rücktritt?	У вас есть велосипе́д с педа́льным то́рмозом? uwaß jeßtj wilaßipét ßpidálnym tórmasam?

Ich möchte es für ... mieten.	**Я хоте́л(♀ а) бы взять его́ напрока́т на ...** ja chatjél(♀ a) by wsjátj jiwó naprakát na ...
... einen Tag	**... оди́н день.** ... adín djen.
... zwei Tage	**... два дня.** ... dwa dnja.
... eine Woche	**... одну́ неде́лю.** ... adnú nidélju.
Bitte stellen Sie mir die Sattelhöhe ein.	**Вы не могли́ бы настро́ить мне сиде́нье?** wy ni maglí by naßtró-itj mnje ßidénje?
Bitte geben Sie mir einen Fahrradhelm.	**Пожа́луйста, да́йте мне велосипе́дный шлем.** paschálußta, dáiti mnje wilaßipédnyj schlém.
Kann ich einen Kinderfahrradsitz ausleihen?	**Могу́ ли я взять напрока́т де́тское сиде́нье для велосипе́да?** magú li ja wsjatj naprakát djétzkaje ßidénje dlja wilaßipéda?

Weitere Wörter

Fahrradflickzeug	**набо́р для ремо́нта велосипе́дных шин** nabór dlja rimónta wilaßipédnych schyn
Fahrradkorb	**корзи́на для велосипе́да** karsína dlja wilaßipéda
Handbremse	**ручно́й то́рмоз** rutschnój tórmaß
Kinderfahrrad	**де́тский велосипе́д** djétzkij wilaßipét
Kindersitz	**де́тское сиде́нье** djétzkaje ßidénje
Licht	**свет** ßwjet
Luftpumpe	**возду́шный насо́с** wasdúschnyj naßóß

Radweg ..... велосипéдная дорóжка wilaßipédnaja daróschka
Reifen ..... шúна schýna
Reifenpanne ..... прокóл шúны prakól schýny
Rücklicht ..... зáдняя фáра sádnija fára
Sattel ..... седлó ßidló
Satteltaschen ..... подседéльные сýмки patßidélnyje ßúmki
Schlauch ..... кáмера kámira
Ventil ..... клáпан klápan
Vorderlicht ..... перéдний свет pirédnij ßwjet

Adventure-Sports

Ausritt ..... вы́езд верхóм wýjißt wirchóm
Ballonfahrt ..... прогýлка на воздýшном шáре pragúlka na wasdúschnam schári
Bungee-Jumping ..... бáнджи-джáмпинг bándschy-dschámpink
Drachenfliegen ..... дельтапланерúзм deltaplanirísm
Fallschirmspringen ..... парашю́тный спорт paraschútnyj ßport
Freeclimbing ..... скалолáзание ßkalalásanje
Gleitschirmfliegen ..... парапланерúзм paraplanirísm
Kajak ..... байдáрка baidárka
Kanu ..... канóэ kanóä
Kitesurfen ..... кайтсёрфинг kaitßórfink
Pferd ..... лóшадь lóschytj
Rafting ..... рáфтинг ráftink
Regatta ..... регáта rigáta
reiten ..... éздить верхóм jésditj wirchóm
Ruderboot ..... лóдка на вёслах lótka na wjóßlach
Segelfliegen ..... планерúзм planirísm
Segelflugzeug ..... плáнер plánir

segeln	плáвать на пáрусной лóдке plávatj na párußnaj lótki
Thermik	тéрмик tårmik

Besichtigungen

Wann ist ... geöffnet?	Когдá откры́т ...? kagdá atkrýt ...?
Wie viel kostet ...	Скóлько стóит ... ßkólka ßtó-it ...
... der Eintritt?	... билéт? ... biljét?
... die Führung?	... экскýрсия? ... ykßkúrßija?
Gibt es auch Führungen auf Deutsch?	Провóдятся ли экскýрсии на немéцком языкé? prawódjatza li ykßkúrßi-i na nimjétzkam jisykjé?
Wann beginnt die Führung?	Когдá начинáется экскýрсия? kagdá natschinájitza ykßkúrßija?
Gibt es eine Ermäßigung für ...	Есть ли льгóты для ... jeßtj li lgóty dlja ...
... Familien?	... семéй? ... ßiméj?
... Kinder?	... детéй? ... ditéj?
... Senioren?	... пенсионéров? ... pinßianéraf?
... Studenten?	... студéнтов? ... ßtudjéntaf?
Eine Karte bitte.	Оди́н билéт, пожáлуйста. adín biljét, paschálußta.
Zwei Karten bitte.	Два билéта, пожáлуйста. dwa biljéta, paschálußta.

Zwei Erwachsene, zwei Kinder, bitte.	**Два взрóслых, два дéтских, пожáлуйста.** dwa wsróßlych, dwa djétzkich, paschálußta.
Haben Sie einen ...	**У вас есть ...** u waß jeßtj ...
... Katalog?	**... каталóг?** ... katalók?
... Führer?	**... путеводи́тель?** ... putiwadítjel?
Ich hätte gern einen Audioguide ...	**Я бы хотéл(♀ а) взять аудиги́д ... языкé.** ja by chatél(♀ a) wsjatj audiogít ... ysyké.
... auf Deutsch.	**... на немéцком** ... na nimétzkam
... auf Englisch.	**... на англи́йском** ... na anglíjßkam
Darf man fotografieren?	**Мóжно фотографи́ровать?** móschna fatagrafírawatj?
Können Sie bitte ein Foto von mir | uns machen?	**Вы не могли́ бы меня́ | нас сфотографи́ровать?** wy ni maglí by minjá | naß ßfatagrafírawatj?
Was für ein ... ist das?	**Что э́то за ...** schto ăta sa ...
... Gebäude	**... здáние?** ... sdánije?
... Denkmal	**... пáмятник?** ... pămitnik?
Haben Sie das Bild als ...	**У Вас есть ... с э́тим изображéнием?** u waß jeßtj ... ßătim isabraschénijem?
... Poster?	**... плакáты** ... plakáty
... Postkarte?	**... откры́тки** ... atkrýtki

Weitere Wörter

Altar	**алта́рь** altár
altgläubig	**старове́рческий** ßtarawértschißkij
altrussisch	**древнеру́сский** drjewnirúßkij
altslawisch	**старославя́нский** ßtaraßlawjánßkij
Altstadt	**ста́рая часть го́рода** ßtáraja tschaßtj górada
antik	**антиква́рный** antikwárnyj
Archäologie	**археоло́гия** archialógija
Architekt	**архите́ктор** architéktar
Architektur	**архитекту́ра** architiktúra
Ausflug	**экску́рсия** äkßkúrßija
Ausflugsboot	**прогу́лочный ка́тер** pragúlatschnyj kátir
Ausgrabungen	**раско́пки** raßkópki
Aussicht	**вид** wit
Ausstellung	**вы́ставка** wýßtafka
barock	**в сти́ле баро́кко** fßtíli baróka
Basilika	**бази́лика** basilíka
Berg	**гора́** gará
Besichtigung	**осмо́тр** aßmótr
Bibliothek	**библиоте́ка** bibliatéka
Bild	**карти́на** kartína
Bildhauer	**ску́льптор** ßkúlptar
Bojar	**боя́рин** bajárin
Bojarin	**боя́рыня** bajárynja
Botanischer Garten	**ботани́ческий сад** batanítschißkij ßat
Bronze	**бро́нза** brónsa
Brücke	**мост** moßt
Brunnen	**коло́дец** kalóditz
Burg	**за́мок** sámak
Büste	**бюст** bjußt
byzantinisch	**византи́йский** wisantíjßkij

Chor	**хор** chor
Decke	**потолóк** patalók
Denkmal	**пáмятник** pámitnik
Denkmalschutz	**охрáна пáмятников** achrána pámitnikaf
Dom	**собóр** ßabór
Einfluss	**влия́ние** wlijánije
Epoche	**эпóха** äpócha
Expressionismus	**экспрессиони́зм** äkßprißianísm
Fassade	**фасáд** faßát
Festung	**крéпость** krépaßtj
filmen	**снимáть видеокáмерой** ßnimátj widiakámiraj
Fluss	**рекá** riká
fotografieren	**фотографи́ровать** fatagrafírawatj
Freilichtmuseum	**музéй под откры́тым нéбом** muséj pad atkrýtym njébam
Fremdenführer(in)	**гид** git
Fremdenverkehrs-amt	**бюрó обслу́живания тури́стов** bjuró apßlúschiwanija turíßtaf
Fresko	**фрéска** fréßka
Friedhof	**клáдбище** kládbischi
Funde	**нахóдки** nachótki
Fürst	**князь** knjaß
Fürstin	**княги́ня** kniginja
Fußgängerzone	**пешехóдная зóна** pischichódnaja sóna
Galerie	**галерéя** galiréja
Garten	**сад** ßat
Gebäude	**здáние** sdánije
Gebirge	**гóры** góry
Gedenkstätte	**мемориáл** mimariál
Gemälde	**карти́на** kartína
Gemäldesammlung	**коллéкция карти́н** kaléktzyja kartín
geöffnet	**откры́т** atkrýt
Geschichte	**истóрия** ißtórija

geschlossen ... закры́т sakrýt
Gewölbe ... свод ßwot
Glocke ... ко́локол kólakal
Glockenspiel ... колоко́льный звон kalakólnyj swon
Glockenturm ... колоко́льня kalakólnja
Gotik ... го́тика gótika
Gottesdienst ... богослуже́ние bagaßluschénije
Grab ... моги́ла magíla
Großfürst ... вели́кий князь wilíkij knjaß
Hafen ... га́вань gáwan
Halbinsel ... полуо́стров palu-óßtraf
Hauptstadt ... столи́ца ßtalítza
Heimatmuseum ... краеве́дческий музе́й krajiwét-tschißkij muséj
Hof ... двор dwor
Höhle ... пеще́ра pischéra
Höhlenkloster ... пеще́рный монасты́рь pischérnyj manaßtýr
Holzschnitt ... гравю́ра на де́реве grawjúra na dériwje
Hügel ... холм cholm
Ikone ... ико́на ikóna
Ikonostase ... иконоста́с ikonaßtáß
Impressionismus ... импрессиони́зм imprißianísm
Innenstadt ... центр го́рода tzentr górada
Inschrift ... на́дпись nátpiß
Insel ... о́стров óßtraf
Jahrhundert ... столе́тие ßtalétije
jüdisch ... иуде́йский iudéjskij
Jugendstil ... стиль моде́рн ßtil madérn
Kapelle ... часо́вня tschyßównja
Katakomben ... катако́мбы katakómby
Katalog ... катало́г katalók
Kathedrale ... кафедра́льный собо́р kafidrálnyj ßabór

katholisch ..... католи́ческий katalítschißkij
Keramik ..... кера́мика kirámika
Kirche ..... це́рковь tzérkaf
kirchenslawisch ..... церковнославя́нский tzyrkownaßlawjánßkij
Klassizismus ..... классици́зм klaßitzýsm
Kloster ..... монасты́рь manaßtýr
Kopie ..... ко́пия kópija
Kunst ..... иску́сство ißkúßtwa
Künstler(in) ..... худо́жник, худо́жница chudóschnik, chudóschnitza
Kuppel ..... ку́пол kúpal
Landschaft ..... ландша́фт landscháft
Leibeigene(r) ..... крепостно́й, крепостна́я kripaßnój, kripaßnája
Maler(in) ..... худо́жник, худо́жница chudóschnik, chudóschnitza
Malerei ..... жи́вопись schýwapiß
Markt ..... ры́нок rýnak
Markthalle ..... ры́ночный павильо́н rýnatschnyj pawil-jón
Marmor ..... мра́мор mrámar
Mauer ..... стена́ ßtiná
Mausoleum ..... мавзоле́й mawsaléj
Minarett ..... минаре́т minarét
Mittelalter ..... средневеко́вье ßridnjewików-je
modern ..... совреме́нный ßawrimjényj
Mönch ..... мона́х manách
Mosaik ..... моза́ика masá-ika
Moschee ..... мече́ть mitschjétj
Mühle ..... ме́льница mélnitza
Museum ..... музе́й muséj
Nationalpark ..... парк-запове́дник park-sapawjédnik
Naturschutzgebiet ..... запове́дник sapawjédnik

Obelisk .... **обели́ск** abilíßk
Ölmalerei .... **живопись ма́слом** schýwapiß máßlam
Opernhaus .... **о́перный теа́тр** ópirnyj tiátr
Orden .... **о́рден** órdin
Original .... **оригина́л** ariginál
orthodox .... **правосла́вный** prawaßláwnyj
Palast .... **дворе́ц** dwarétz
Panorama .... **панора́ма** panaráma
Park .... **парк** park
Plakat .... **плака́т** plakát
Plan .... **план** plan
Planetarium .... **планета́рий** planitárij
Plastik .... **скульпту́ра** ßkulptúra
Platz .... **пло́щадь** plóschitj
Portal .... **порта́л** partál
Porträt .... **портре́т** partrét
Rathaus .... **ра́туша** rátuscha
Realismus .... **реали́зм** rialísm
Relief .... **релье́ф** riljéf
Religion .... **рели́гия** rilígija
Renaissance .... **ренесса́нс** rinißánß
restaurieren .... **реставри́ровать** rißtawrírawatj
restauriert .... **отреставри́рован** atrißtawrírawan
romanisch .... **в рома́нском сти́ле** wramánßkam ßtíli
romantisch .... **романти́ческий** ramantítschißkij
Ruine .... **руи́ны** ruíny
russisch .... **ру́сский** rúßkij
Russland .... **Росси́я** raßíja
Rüstkammer .... **оруже́йная пала́та** aruschéjnaja paláta
Saal .... **зал** sal
Sammlung .... **колле́кция** kaléktzija
Sandstein .... **песча́ник** pischánik
Sarkophag .... **гробни́ца** grabnítza
Säule .... **коло́нна** kalóna

Schatzkammer	сокрóвищница ßakrówischnitza
Schloss	зáмок sámak
Schlucht	прóпасть própaßtj
Schnitzerei	резьбá risbá
See *(Binnengewässer)*	óзеро ósira
Sehenswürdigkeiten	достопримечáтельности daßtaprimitschátilnaßti
Seilbahn	канáтная дорóга kanátnaja daróga
Skulptur	скульптýра ßkulptúra
slawisch	славя́нский ßlawjánßkij
sowjetisch	совéтский ßawjétzkij
sozialistisch	социалисти́ческий ßatzyalißtítschißkij
sozialistischer Realismus	социалисти́ческий реали́зм ßatzyalißtítschißkij rialísm
Stadion	стадиóн ßtadión
Stadt	гóрод górat
Stadtführung	экскýрсия по гóроду ykßkúrßija pa góradu
Stadtmauer	городскáя стенá garatßkája ßtiná
Stadtplan	кáрта гóрода kárta górada
Stadtteil	райóн гóрода rajón górada
Stadttor	городски́е ворóта garatßkíje waróta
Stadtzentrum	центр гóрода tzentr górada
Statue	стáтуя ßtátuja
Staudamm	плоти́на platína
Stausee	водохрани́лище wadachranílische
Sternwarte	обсерватóрия apßirwatórija
Stil	стиль ßtil
Symbolismus	символи́зм ßimwalísm
Synagoge	синагóга ßinagóga
Taiga	тайгá taigá
Tal	доли́на dalína
Tataren	татáры tatáry

Tempel	**храм** chram
Theater	**теáтр** tiátr
Töpferei	**гончáрное ремесłó** gantschárnaje rimißló
Tor	**ворóта** waróta
Turm	**бáшня** báschnja
Überreste	**остáнки** aßtánki
Umgebung	**окрéстности** akréßnaßti
Universität	**университéт** uniwirßitjét
vergoldet	**позолóченный** pasalótschinyj
Volkskunde-museum	**этнографи́ческий музéй** ätnagrafítschißkij muséj
Vulkan	**вулкáн** wulkán
Wachablösung	**смéна караýла** ßmjéna kara-úla
Wald	**лес** ljeß
Wandmalerei	**настéнная жи́вопись** naßtjénaja schýwapiß
Wappen	**герб** gerp
Wasserfall	**водопáд** wadapát
Weinprobe	**дегустáция вин** digußtátzija win
Zar	**царь** tzar
Zarin	**цари́ца** tzarítza
Zeichnung	**рисýнок** rißúnak
Zoo	**зоопáрк** sa-apárk

Theater, Kino, Musik

Welche Veranstaltungen finden ... Woche statt?	**Каки́е мероприя́тия состоя́тся на ... недéле?** kakíje miraprijátija ßaßtajátza na ... nidéli?
... diese	**... э́той** ... ätaj
... nächste	**... слéдующей** ... ßléduschij

Haben Sie einen Veranstaltungskalender?	**У Вас есть план мероприя́тий?** u waß jeßtj plan miraprijáti?
Was wird heute gespielt?	**Что идёт сего́дня?** schto idjót ßiwódnja?
Wo bekommt man Karten?	**Где мо́жно купи́ть биле́ты?** gdje móschna kupítj biljéty?
Wann beginnt ...	**Когда́ начина́ется ...** kagdá natschinájitza ...
... das Konzert?	**... конце́рт?** ... kantzärt?
... der Film?	**... фильм?** ... film?
... die Vorstellung?	**... представле́ние?** ... pritßtawlénije?
Ab wann ist Einlass?	**Когда́ начина́ют впуска́ть?** kagdá natschinájut fpußkátj?
Sind die Plätze nummeriert?	**Места́ нумеро́ваны?** mißtá numirówany?
Kann man Karten reservieren lassen?	**Мо́жно заказа́ть биле́ты?** móschna sakasátj biljéty?
Ich hatte Karten vorbestellt auf den Namen ...	**Я заказа́л(♀ а) биле́ты на фами́лию ...** ja sakasál(♀ a) biljéty na famíliju ...

Info

Theaterkarten bekommen Sie direkt im Theater oder online auf der offiziellen Webseite des Theaters. Diese beiden Optionen sollten Sie unbedingt nutzen und keine Tickets auf der Straße oder vor den Eingängen von Privathand kaufen.

Haben Sie noch Karten für ...	**У Вас есть билéты на ...** u waß jeßtj biljéty na ...
... heute?	**... сегóдня?** ... ßiwódnja?
... morgen?	**... зáвтра?** ... sáftra?
Bitte zwei Karten für ...	**Пожáлуйста, два билéта на ...** paschálußta, dwa biljéta na ...
... heute.	**... сегóдня.** ... ßiwódnja.
... heute Abend.	**... сегóдняшний вéчер.** ... ßiwódnischnij wétschir.
... morgen.	**... зáвтра.** ... sáftra.
... die Vorstellung um ... Uhr.	**... представлéние в ... часóв.** ... pritßtawlénije w ... tschißóf.
... den Film um ... Uhr.	**... фильм в ... часóв.** ... film w ... tschißóf.
Wie viel kostet eine Karte?	**Скóлько стóит билéт?** ßkólko ßtó-it biljét?
Gibt es eine Ermäßigung für ...	**Есть ли скúдка для ...** jeßtj li ßkítka dlja ...
... Kinder?	**... детéй?** ... ditéj?
... Senioren?	**... пенсионéров?** ... pinßianéraf?
... Studenten?	**... студéнтов?** ... ßtudjéntaf?
Wann ist die Vorstellung zu Ende?	**Когдá закáнчивается представлéние?** kagdá sakántschiwajitza pritßtawlénije?
Ich möchte ein Opernglas ausleihen.	**Я хотéл(♀ а) бы получúть бинóкль.** ja chatjél(♀ a) by palutschítj binókl.

An der Kasse

Abendkasse	вечéрняя кáсса	witschérnija káßa
ausverkauft	все билéты прóданы	fße biléty pródany
erster Rang	пéрвый ярус	pérwyj járuß
Galerie	галерéя	galiréja
links	слéва	ßléwa
Loge	лóжа	lóscha
Mitte	центр	tzentr
Parkett	партéр	partér
Platz	мéсто	mjéßta
Rang	ярус	járuß
rechts	спрáва	ßpráwa
Reihe	ряд	rjat
Stehplatz	стоячее мéсто	ßtajátschije mjéßta
Vorverkauf	предвари́тельные кáссы	pridwarítilnyje káßy
zweiter Rang	вторóй ярус	ftarój járuß

Ausgehen

Gibt es hier ...	Здесь есть ...	sdjeß jeßtj ...
... eine nette Kneipe?	... уютный бар?	... ujútny bar?
... einen angesagten Club?	... мóдный ди́ско-клуб?	... módnyj díßkaklúp?
Ist dort mehr ... Publikum?	Там скорée ...	tam ßkaréje ...
... jüngeres	... молодáя пýблика?	... maladája públika?
... älteres	... пýблика постáрше?	... públika paßtárschi?

Was kann man hier abends unternehmen?	Куда́ здесь мо́жно пойти́ ве́чером? kudá sdjes móschna pajtí wétschiram?
Wo kann man hier tanzen gehen?	Куда́ здесь мо́жно пойти́ потанцева́ть? kudá sdjeß móschna pajtí patantzywátj?
Ist hier noch frei? ▸Flirten, S. 63	Здесь свобо́дно? sdjeß ßwabódna?
Darf ich Sie | dich (zu einem Drink) einladen?	Разреши́те Вас | Разреши́ тебя́ пригласи́ть (в бар)? rasrischíti waß | rasrischí tibja priglaßítj (wbar)?
Was möchten Sie | möchtest du trinken? ▸Essen & Trinken, S. 83	Что Вы бу́дете | ты бу́дешь пить? schto wy búditi | ty búdisch pitj?
Das Gleiche noch mal, bitte.	Пожа́луйста, ещё раз то же са́мое. paschálußta, jischó raß tóschi ßámaje.
Tanzen Sie | Tanzt du mit mir?	Вы со мной потанцу́ете | Ты со мной потанцу́ешь? wy ßamnój patantu-jiti | ty ßamnój patantu-jisch?
Sie tanzen | Du tanzt sehr gut.	Вы прекра́сно танцу́ете | Ты прекра́сно танцу́ешь. wy prikráßna tantu-jiti | ty prikráßna tantu-jisch.
Können Sie mir ein Taxi rufen?	Вы́зовите мне, пожа́луйста, такси́. wýsawiti mnje, paschálußta, takßí.

Ernstfall

... die wichtigsten Sätze

Rufen Sie bitte einen Notarzt!

▸*Notruf, S. 196*

Вызовите, пожáлуйста, неотлóжку!

wýsawiti, paschálußta, ni-atlóschku!

Man hat mir mein Portemonnaie gestohlen.

У меня́ укрáли кошелёк.

u minjá ukráli kaschiljók.

Ich brauche eine Bescheinigung für meine Versicherung.

▸*Polizei, S. 197*

Мне нужнá спрáвка для моегó страховóго óбщества.

mnje nuschná ßpráfka dlja majiwó ßtrachawówa óbschißtwa.

Wo ist die nächste Apotheke?

Где нахóдится ближáйшая аптéка?

gdje nachóditza blischáischaja aptéka?

Haben Sie etwas gegen ...?

У Вас есть чтó-нибудь от ...?

u waß jeßtj schtó-nibutj at ...?

Ich brauche dieses Medikament.

▸*Apotheke, S. 199*

Мне нýжно э́то лекáрство.

mnje núschna äta likárßtwa.

Können Sie mir einen praktischen Arzt empfehlen?

▸*Praxissuche, S. 202*

Вы не моглí бы порекомендовáть мне терапéвта?

wy ni maglí by parikamindawátj mnje tirapéfta?

Ich fühle mich nicht wohl.
Я пло́хо себя́ чу́вствую.
ja plócha ßibjá tschúßtwuju.

Hier habe ich Schmerzen.
У меня́ здесь боли́т.
u minjá sdjeß balít.

Ich bin allergisch gegen Penizillin.
У меня́ аллерги́я на пеницилли́н.
u minjá alirgíja na pinitzylín.

Ich bin im ... Monat schwanger.
Я на ... ме́сяце бере́менности.
ja na ... méßitzä birjéminaßti.

Können Sie mir helfen?
Вы не могли́ бы мне помо́чь?
wy ni maglí by mnje pamótsch?

Ich möchte mit einem Arzt/einer Ärztin sprechen.
Я хоте́л(♀ а) бы поговори́ть с врачо́м.
ja chatjél(♀ a) by pagawarítj swratschóm.

Bitte benachrichtigen Sie meine Familie.
▸Im Krankenhaus, S. 208
Оповести́те, пожа́луйста, мою́ семью́.
aßwidamíti, paschálußta, majú ßimjú.

Dieser Zahn hier tut weh.
▸Zahnheilkunde, S. 215
Э́тот зуб боли́т.
ätat sup balít.

Info

Im Notfall rufen Sie die einheitliche Notfallrufnummer 112 an. Sie werden dann weitergeleitet: zum Rettungsdienst скóрая пóмощь (skóraja pómasch), zur Feuerwehr пожáрная (paschárnaja) oder zur Polizei полиция (palítzija).

Notruf

Hilfe!	Помогите! pamagíti!
Es ist ein Unfall passiert!	Произошёл несчáстный слýчай! pra-isaschól nischáßny ßlútschaj!
Bitte helfen Sie!	Помогите, пожáлуйста! pamagíti, paschálußta!
Rufen Sie bitte einen ...	Вы́зовите, пожáлуйста, ... wýsawiti, paschálußta, ...
... Krankenwagen!	... скóрую пóмощь! ... ßkóruju pómasch!
... Notarzt!	... неотлóжку! ... ni-atlóschku!
... Personen sind (schwer) verletzt.	... человéк (тяжелó) пострадáли. ... tschilawjék (tischyló) paßtradáli.
Wohin bringen Sie ...	Кудá Вы ... везёте? kudá wy ... wisjóti?
... ihn?	... егó ... jiwó
... sie?	... её ... jijó
Ich möchte mitkommen.	Я поéду с вáми. ja pajédu ßwámi.

Polizei

Wo ist das nächste Polizeirevier? ▸*Unfall, S. 48*	**Где ближа́йшее отделе́ние поли́ции?** gdje blischáischije ad-diljénije palítzi-i?
Ich möchte ... anzeigen.	**Я хоте́л(♀ а) бы заяви́ть ...** ja chatjél(♀ a) by sajawítj ...
... einen Diebstahl	**... о кра́же.** ... akrásche.
... einen Überfall	**... о нападе́нии.** ... anapadéni-i.
... eine Vergewaltigung	**... об изнаси́ловании.** ... abisnaßílawani-i.
Man hat mir ... gestohlen.	**У меня́ укра́ли ...** u minjá ukráli ...
... meine Handtasche	**... су́мку.** ... ßúmku.
... mein Portemonnaie	**... кошелёк.** ... kaschiljók.
Ich habe ... verloren.	**Я потеря́л(♀ а) ...** ja patirjál(♀ a) ...
Mein Auto ist aufgebrochen worden.	**Мою́ маши́ну взлома́ли.** majú maschýnu wslamáli.
Ich bin betrogen worden.	**Меня́ обману́ли.** minjá abmanúli.
Ich bin zusammengeschlagen worden.	**Меня́ изби́ли.** minjá isbíli.
Ich brauche eine Bescheinigung für meine Versicherung.	**Мне нужна́ спра́вка для моего́ страхово́го о́бщества.** mnje nuschná ßpráfka dlja majiwó ßtrachawówa óbschißtwa.

Ich möchte mit ... sprechen.	**Я хотéл(♀ а) бы поговорúть с моúм ...** ja chatjél(♀ a) by pagawarítj ßma-ím ...
... meinem Anwalt/ meiner Anwältin	**... адвокáтом.** ... adwakátam.
... meinem Konsulat	**... кóнсульством.** ... kónßulßtwam.
Ich bin unschuldig.	**Я не виновáт(♀ а).** ja ni winawát(♀ a).

Das könnten Sie hören:

◂ **Запóлните, пожáлуйста, э́тот формуля́р.**
sapólniti, paschálußta, ätat farmulјár.
Füllen Sie bitte dieses Formular aus.

◂ **Когдá э́то произошлó?**
kagdá äta pra-isaschló?
Wann ist es passiert?

◂ **Где э́то произошлó?**
gdje äta pra-isaschló?
Wo ist es passiert?

◂ **Обратúтесь, пожáлуйста, в Вáше кóнсульство.**
abratítiß, paschálußta, w-wásche kónßulßtwa.
Wenden Sie sich bitte an Ihr Konsulat.

Weitere Wörter

Anzeige	**заявлéние** sajiwlénije
Autoradio	**автомагнитóла** aftamagnitóla
belästigen	**приставáть** prißtawátj
Botschaft *(diplomatische Vertretung)*	**посóльство** paßólßtwa
Dieb(in)	**вор** wor
Falschgeld	**фальшúвые дéньги** falschýwyje djéngi

Fundbüro	**бюро́ нахо́док** bjuró nachódak
Handtasche	**да́мская су́мка** dámßkaja ßúmka
Navigationsgerät	**навигацио́нный прибо́р** navigatziónyj pribór
Polizei	**поли́ция** palítzija
Polizist(in)	**сотру́дник/сотру́дница поли́ции** ßatrúdnik/ßatrúdnitza palítzi-i
Portemonnaie	**кошелёк** kaschiljók
Rauschgift	**нарко́тик** narkótik
Taschendieb(in)	**карма́нный вор** karmányj wor
Unfall	**ава́рия** awárija
verhaften	**арестова́ть** arißtawátj
Zeuge/Zeugin	**свиде́тель, свиде́тельница** ßwidétil, ßwidétiljnitza

Apotheke

Wo ist die nächste Apotheke (mit Nachtdienst)?
Где нахо́дится ближа́йшая (дежу́рная) апте́ка? gdje nachóditza blischáischaja (dischúrnaja) aptéka?

Haben Sie etwas gegen ...?
▸*Krankeiten, S. 211*
У Вас есть что́-нибудь от ...? u waß jeßtj schtó-nibutj at ...?

Ich brauche dieses Medikament.
Мне ну́жно э́то лека́рство. mnje núschna äta likárßtwa.

Eine kleine Packung genügt.
Доста́точно одно́й ма́ленькой упако́вки. daßtátatschna adnój málinkaj upakófki.

Wie muss ich es einnehmen?
Как мне э́то принима́ть? kak mnje äta prinimátj?

Info

Apotheken und Apothekenverkaufsstellen gibt es reichlich in Russland. Manche sind rund um die Uhr geöffnet. Auch große Lebensmittelgeschäfte und Kaufhäuser verfügen meist über eine Apothekenabteilung.

Das könnten Sie hören:

◂ Э́то лека́рство отпуска́ется то́лько по реце́пту.
äta likárßtwa atpußkájitza tólka pa ritzäptu.
Dieses Medikament ist rezeptpflichtig.

◂ Э́того у нас нет.
ätawa u naß njet.
Das haben wir nicht da.

◂ Мы должны́ э́то заказа́ть.
my dalschný äta sakasátj.
Wir müssen es bestellen.

Wann kann ich es abholen?
Когда́ я могу́ э́то забра́ть?
kagdá ja magú äta sabrátj?

Medikamente

Abführmittel ... слаби́тельное ßlabítilnaje
Antibabypille ... противозача́точные табле́тки prátiwa-satschátatschnyje tablétki
Antibiotikum ... антибио́тик antibiótik
Atemschutzmaske ... медици́нская ма́ска miditzýnßkaja máßka
Augentropfen ... глазны́е ка́пли glasnýje kápli
Beruhigungsmittel ... успокои́тельное сре́дство ußpaka-ítilnaje ßrétßtwa

Desinfektionsmittel	**дезинфици́рующее сре́дство** disynfitzýrujuschije ßrétßtwa
Einweghandschuhe	**одноразо́вые перча́тки** adnarásavyji pirtschátki
Elastikbinde	**эласти́чный бинт** älaßtítschnyj bint
fiebersenkendes Mittel	**жаропонижа́ющее сре́дство** scharapanischájuschije ßrétßtwa
Fieberthermometer	**термо́метр** tirmómitr
Halsschmerz-tabletten	**табле́тки от бо́ли в го́рле** tablétki atbóli wgórli
homöopathisch	**гомеопати́ческий** gamiapatítschißkij
Hustensaft	**миксту́ра от ка́шля** mikßtúra at káschlja
Insulin	**инсули́н** inßulín
Kondome	**презервати́вы** prisirwatíwy
Kopfschmerz-tabletten	**табле́тки от головно́й бо́ли** tablétki at galawnój bóli
Mittel gegen ...	**сре́дство от ...** ßrétßtwa at ...
Mullbinde	**ма́рлевый бинт** márliwy bint
Nasentropfen	**ка́пли в нос** kápli wnoß
Ohrentropfen	**ка́пли в у́ши** kápli wúschy
Pflaster	**пла́стырь** pláßtyr
Salbe	**мазь** maßj
Salbe gegen Juckreiz	**мазь от зу́да** maßj at súda
Salbe gegen Mückenstiche	**мазь от комари́ных уку́сов** maßj at kamarínych ukúßaf
Salbe gegen Sonnenallergie	**мазь от со́лнечной аллерги́и** maßj at ßólnitschnaj alirgí-i
Salbe gegen Sonnenbrand	**мазь от со́лнечного ожо́га** maßj at ßólnitschnawa aschóga
Schlaftabletten	**снотво́рное** ßnatwórnaje
Schmerzmittel	**болеутоля́ющее сре́дство** bóli-utalájuschije ßrétßtwa
Spritze	**уко́л** ukól

Tabletten gegen ...	**таблéтки от ...** tablétki at ...
Tropfen	**кáпли** kápli
Verbandszeug	**перевя́зочный материáл** piriwjásatschnyj matiriál
Wundsalbe	**мазь для ран** maßj dlja ran
Zäpfchen	**свéчи** ßwjétschi

Medizinische Hilfe

Praxissuche

Können Sie mir einen ... empfehlen?	**Вы не моглѝ бы порекомендовáть мне ...** wy ni maglí by parikamindawátj mnje ...
... praktischen Arzt	**... терапéвта?** ... tirapéfta?
... Zahnarzt	**... зубнóго врачá?** ... subnówa wratschá?
Können Sie mir ... empfehlen?	**Вы не моглѝ бы мне посовéтовать ...** wy ni maglí by mnje paßawétawatj ...
... einen Kinderarzt	**... дéтского врачá?** ... djétzkawa wratschá?
... ein Kinderkrankenhaus	**... дéтскую больнѝцу?** ... djétzkuju balnítzu?
Spricht er/sie ...	**Он/онá говорѝт ...** on/aná gawarít ...
... Deutsch?	**... по-немéцки?** ... pa-nimjétzki?
... Englisch?	**... по-англѝйски?** ... pa-anglíjßki?
Wann hat er/sie Sprechstunde?	**Какѝе у негó/неё приёмные часы́?** kakíje uniwó/unijó prijómnyje tschysý?

Wo ist seine/ihre Praxis?	Где нахóдится егó/её кабинéт? gdje nachóditza jiwó/jijó kabinét?
Kann er/sie herkommen?	Он/онá мóжет прийти́ сюдá? on/aná móschyt prijtí ßjudá?
Mein Mann ist krank.	Мой муж заболéл. moj musch sabalél.
Meine Frau ist krank.	Моя женá заболéла. majá schiná sabaléla.

Medizinische Fachkräfte

Arzt/Ärztin	врач wratsch
Augenarzt/-ärztin	глазнóй врач glasnój wratsch
Frauenarzt	гинекóлог ginikólak
Frauenärztin	жéнщина-гинекóлог schénschina-ginikólak
Hals-Nasen-Ohren-Arzt/-Ärztin	оториноларингóлог atarinalaringólak
Hautarzt/-ärztin	дерматóлог dirmatólak
Heilpraktiker(in)	врач нетрадиционной медицины wratsch nitraditzyónaj miditzýny
Internist(in)	интерни́ст interißt
Kinderarzt/-ärztin	дéтский врач djétzkij wratsch
Orthopädde/-din	ортопéд artapél
Praktischc(r) Arzt/Ärztin	терапéвт tirapéft
Tierarzt/-ärztin	ветеринáр witirinár
Urologe/-gin	урóлог urólak
Zahnarzt/-ärztin	зубнóй врач subnój wratsch

Im Behandlungsraum

Ich habe ...	**У меня́ ...** u minjá ...
... Kopfschmerzen.	**... головна́я боль.** ... galawnája bol.
... Halsschmerzen.	**... боль в го́рле.** ... bol wgórli.
... (hohes) Fieber.	**... (высо́кая) температу́ра.** ... (wyßókaja) timpiratúra.
... eine Grippe.	**... грипп.** ... grip.
... Durchfall.	**... поно́с.** ... panóß.
Ich bin (stark) erkältet.	**Я (си́льно) просту́жен(♀ а).** ja (ßílna) praßtúschyn(♀ a).
Ich fühle mich nicht wohl.	**Я пло́хо себя́ чу́вствую.** ja plócha ßibjá tschúßtwuju.
Mir ist schwindelig.	**У меня́ кру́жится голова́.** u minjá krúschytza galawá.
Mir tut ... weh. *▸Körperteile, S. 209*	**У меня́ боли́т ...** u minjá balít ...
Hier habe ich Schmerzen.	**У меня́ здесь боли́т.** u minjá sdjeß balít.
Ich habe mich (mehrmals) übergeben.	**У меня́ (не́сколько раз) была́ рво́та.** u minjá (njéßkalka raß) bylá rwóta.
Ich habe mir den Magen verdorben.	**У меня́ расстро́йство желу́дка.** u minjá raßtrójßtwa schylútka.
Ich bin ohnmächtig geworden.	**У меня́ был о́бморок.** u minjá byl óbmarak.
Ich kann ... nicht bewegen.	**Я не могу́ пошевели́ть ...** ja ni magú paschiwilítj ...

Ich habe mich verletzt.	**Я ♂ пора́нился / ♀ пора́нилась.** ja ♂ paránilßa / ♀ paránilaß.
Ich bin gestürzt.	**Я упа́л(♀ а).** ja upál(♀ a).
Ich bin von ... gestochen worden.	**Меня ужа́лил ...** minja uschálil ...
Ich bin von ... gebissen worden.	**Меня укуси́л ...** minja ukußíl ...
Ich bin (nicht) gegen ... geimpft.	**Мне (не) сде́лали приви́вку про́тив ...** mnje (ni) sdjélali priwífku prótif ...
Ich bin allergisch gegen Penizillin.	**У меня́ аллерги́я на пеницилли́н.** u minjá alirgíja na pinitzylín.
Mein Kind ist allergisch gegen Milchprodukte.	**У моего́ ребёнка аллерги́я на моло́чные проду́кты.** u ma-iwó ribjónka alirgíja na malótschnyje pradúkty.
Ich habe einen ... Blutdruck.	**У меня ... давле́ние.** u minjá ... dawlénije.
... hohen	**... высо́кое** ... wyßókaje
... niedrigen	**... ни́зкое** ... nißkaje
Ich habe einen Herzschrittmacher.	**У меня кардиостимуля́тор.** u minjá kardiaßtimulátar.
Ich bin im ... Monat schwanger.	**Я на ... ме́сяце бере́менности.** ja na ... méßitzä birjéminaßti.
Ich bin Diabetiker(in).	**Я диабе́тик.** ja diabétik.
Ich nehme regelmäßig diese Medikamente.	**Я регуля́рно принима́ю э́ти медикаме́нты.** ja rigulárna prinimáju äti midikamenty.

Das könnten Sie hören:

◂ На что Вы жáлуетесь?
na schto wy schálujitiß?
Was für Beschwerden haben Sie?

◂ Где у Вас болúт?
gdje u waß balít?
Wo haben Sie Schmerzen?

◂ Как дóлго ужé у Вас э́ти бóли?
kak dólga uschä uwáß äti bóli?
Wie lange haben Sie diese Beschwerden schon?

◂ Здесь болúт?
sdjeß balít?
Tut das weh?

◂ Открóйте рот.
atkrójti rot.
Öffnen Sie den Mund.

◂ Покажúте язы́к.
pakaschýti jisýk.
Zeigen Sie die Zunge.

◂ Пожáлуйста, раздéньтесь до пóяса.
paschálußta, rasdéntiß da pójißa.
Bitte machen Sie den Oberkörper frei.

◂ Засучúте, пожáлуйста, рукáв.
saßutschíti, paschálußta, rukáf.
Bitte machen Sie Ihren Arm frei.

◂ Мы должны́ сдéлать рентгéновский снúмок.
my dalschný sdjélatj ringénafßkij ßnímak.
Wir müssen Sie röntgen.

◂ Глубокó дышúте. Не дышúте.
glubakó dyschýti. ni dyschýti.
Atmen Sie tief ein. Atem anhalten.

◂ **Вам сде́лали приви́вку про́тив ...?**
wam sdjélali priwífku prótif ...?
Sind Sie gegen ... geimpft?

◂ **У вас есть па́спорт приви́вок?**
u waß jeßtj päßpart priwíwak?
Haben Sie einen Impfpass?

◂ **Вам ну́жно сдать на ана́лиз ...**
wam núschna sdátj na análiß ...
Ihr ... muss untersucht werden.

... кровь. ... krof. ... Blut

... мочу́. ... matschú. ... Urin

◂ **Вам нужна́ опера́ция.**
wam nuschná apirátzija.
Sie müssen operiert werden.

◂ **Ничего́ серьёзного.** Es ist nichts Ernstes.
nitschiwó ßirjósnawa.

◂ **Приходи́те за́втра сно́ва.**
prichadíti sáftra ßnówa.
Kommen Sie morgen wieder.

◂ **Приходи́те че́рез ... дней сно́ва.**
prichadíti tschériß ... dnej ßnówa.
Kommen Sie in ... Tagen wieder.

Können Sie mir ein Attest ausstellen?
Вы не могли́ бы дать мне медици́нское заключе́ние?
wy ni maglí by datj mnje miditzýnßkaje saklutschénije?

Muss ich noch einmal kommen?

Мне на́до ещё раз к Вам прийти́?
mnje náda jeschó raß kwam prijtí?

Ich brauche eine Quittung für meine Versicherung.

Да́йте мне, пожа́луйста, квита́нцию для моего́ страхово́го о́бщества.
dáiti mnje, paschálußta, kwitántzyju dlja ma-iwó ßtrachawówa óbschißtwa.

Im Krankenhaus

Spricht hier jemand Deutsch?

У Вас кто́-нибудь говори́т по-неме́цки?
uwaß któ-nibutj gawarít pa-nimjétzki?

Ich möchte mit einem Arzt/einer Ärztin sprechen.

Я хоте́л(♀ а) бы поговори́ть с врачо́м.
ja chatjél(♀ a) by pagawarítj swratschóm.

Ich möchte mich lieber in Deutschland operieren lassen.

Я хоте́л(♀ а) бы, что́бы меня́ опери́ровали в Герма́нии.
ja chatjél(♀ a) by, schtóby minjá apirírawali wgirmáni.

Ich habe eine Versicherung für den Rücktransport.

У меня́ есть страхо́вка на репатриа́цию.
u minjá jeßtj ßtrachófka na ripatriátzyju.

Bitte benachrichtigen Sie meine Familie.

Осведоми́те, пожа́луйста, мою́ семью́.
aßwidamíti, paschálußta, majú ßimjú.

Schwester, können Sie mir helfen?

Сестра́, вы не могли́ бы мне помо́чь?
ßißtrá, wy ni maglí by mnje pamótsch?

Pfleger, können Sie mir helfen?

Брат, вы не могли́ бы мне помо́чь?
brat, wy ni maglí by mnje pamótsch?

Geben Sie mir bitte etwas ... — Дайте мне, пожáлуйста, чтó-нибудь ... dáiti mnje, paschálußta, schtó-nibutj ...

... gegen die Schmerzen. — ... обезбóливающее. ... abisbóliwajuscheje.

... zum Einschlafen. — ... от бессóнницы. ... at biß-ßónitzy.

Körperteile

Arm .... рукá ruká
Auge .... глаз glaß
Bandscheibe .... межпозвонóчный диск mesch-paswanótschnyj dißk
Bauch .... живóт schywót
Becken .... таз taß
Bein .... ногá nagá
Blase .... мочевóй пузы́рь matschiwój pusýr
Blinddarm .... аппéндикс apéndikß
Blut .... кровь krof
Bronchien .... брóнхи brónchi
Brust .... грудь grutj
Darm .... кишéчник kischätschnik
Ferse .... пя́тка pjátka
Finger .... пáлец pálitz
Fuß .... ногá nagá
Galle .... жёлчь scholtsch
Gehirn .... мозг moßk
Gelenk .... сустáв ßußtáf
Gesäß .... ягоди́цы jagadítzy
Geschlechtsorgane .... половы́е óрганы palawýje órgany
Gesicht .... лицó litzó
Hals .... шéя schéja
Hand .... рукá ruká

Haut	**кóжа** kóscha
Herz	**сéрдце** ßértzä
Hüfte	**бедрó** bidró
Knie	**колéно** kaléna
Kniescheibe	**колéнный сустáв** kaljény ßußtáf
Knöchel	**щи́колотка** schíkalatka
Knochen	**кость** koßtj
Kopf	**головá** galawá
Körper	**тéло** tjéla
Leber	**пéчень** pétschin
Lunge	**лёгкое** ljóchkaje
Magen	**желýдок** schylúdak
Mandeln	**глáнды** glándy
Mund	**рот** rot
Muskel	**мы́шца** mýschtza
Nacken	**заты́лок** satýlak
Nase	**нос** noß
Nebenhöhle	**придáточная пáзуха** pridátatschnaja pásucha
Nerv	**нерв** njerf
Niere	**пóчка** pótschka
Ohr	**ýхо** úcha
Rippe	**ребрó** ribró
Rücken	**спинá** ßpiná
Schienbein	**большеберцóвая кость** bolschi-birtzówaja koßtj
Schilddrüse	**щитови́дная железá** schitawídnaja schylisá
Schlüsselbein	**ключи́ца** klutschítza
Schulter	**плечó** plitschó
Sehne	**сухожи́лие** ßuchaschýlije
Stirn	**лоб** lop
Stirnhöhle	**лóбная пáзуха** lóbnaja pásucha
Wade	**икрá (ноги́)** ikrá (nagí)

Wirbel	**позвонóк** paswanók
Wirbelsäule	**позвонóчник** paswanótschnik
Zahn	**зуб** sup
Zehe	**пáлец ногú** pálitz nagí
Zunge	**язы́к** jisýk

Krankheiten

Abszess	**нары́в** narýf
Aids	**СПИД** ßpit
Allergie	**аллергúя** alirgíja
Angina	**ангúна** angína
ansteckend	**зарáзный** sarásnyj
Asthma	**áстма** áßma
Atembeschwerden	**оды́шка** adýschka
Ausschlag	**сыпь** ßyp
Bänderriss	**разры́в свя́зок** rasrýf ßwjásak
Bänderzerrung	**растяжéние свя́зок** raßtischénije ßwjásak
Bindehaut-entzündung	**коньюнктивúт** kanjunktiwít
Biss	**укýс** ukúß
Blase *(Wundblase)*	**волды́рь** waldýr
Blasenentzündung	**воспалéние мочевóго пузыря́** waßpalénije matschiwówa pusyrjá
Blinddarm-entzündung	**аппендицúт** apinditzýt
hoher Blutdruck	**высóкое давлéние** wyßókaje dawlénije
niedriger Blutdruck	**нúзкое давлéние** nißkaje dawlénije
Blutung	**кровотечéние** krawatitschénije
Blutvergiftung	**заражéние крóви** saraschénije krówi
Bronchitis	**бронхúт** branchít
Bypass	**шунтúрование** schuntírawanije

Coronavirus ... коронави́рус karanavíruß
Covid-19 ... COVID-19 kóvit diwitnátzytj
Diabetes ... диабе́т diabét
Durchfall ... поно́с panóß
Entzündung ... воспале́ние waßpalénije
Erbrechen ... рво́та rwóta
Erkältung ... просту́да praßtúda
Fieber ... жар schar
Gallensteine ... ка́мни в жёлчном пузыре́ kámni wschjóltschnam pusyrjé
gebrochen ... сло́ман ßlóman
Gehirnerschütterung ... сотрясе́ние мо́зга ßatrißénije mósga
Geschlechtskrankheit венери́ческая боле́знь winirítschißkaja balésn
Geschwür ... я́зва jáswa
Grippe ... грипп grip
Hämorriden ... геморро́й gimaröj
Herpes ... ге́рпес gérpiß
Herzanfall ... серде́чный при́ступ ßirdétschnyj príßtup
Herzfehler ... поро́к се́рдца parók ßértza
Herzinfarkt ... инфа́ркт infárkt
Herzschrittmacher ... эле́ктрокардиостимуля́тор yléktrakardiaßtimulátar
Heuschnupfen ... аллерги́ческий рини́т alirgítschißkij rinít
Hexenschuss ... простре́л praßtrél
Hirnhautentzündung ... менинги́т miningít
Husten ... ка́шель káschyl
Infektion ... инфе́кция inféktzyja
Ischias ... и́шиас íschias
Keuchhusten ... коклю́ш koklúsch
Kinderlähmung ... полиомиели́т poliami-ilít
Kolik ... ко́лика kólika

Krampf ... **су́дорога** ßúdaraga
Krankheit ... **боле́знь** balésn
Krebs ... **рак** rak
Kreislaufstörungen ... **наруше́ние кровообраще́ния** naruschénije krawa-abraschénija
Lebensmittelvergiftung ... **отравле́ние пищевы́ми проду́ктами** atrawlenije pischiwými pradúktami
Leistenbruch ... **па́ховая гры́жа** páchawaja grýscha
Lungenentzündung ... **воспале́ние лёгких** waßpalénije lóchkich
Magengeschwür ... **я́зва желу́дка** jáswa schylútka
Magenschmerzen ... **бо́ли в желу́дке** bóli wschylútki
Malaria ... **маляри́я** malirija
Mandelentzündung ... **анги́на** angína
Masern ... **корь** kor
Menstruation ... **менструа́ция** minßtruátzyja
Migräne ... **мигре́нь** migrén
Mittelohrentzündung **воспале́ние сре́днего у́ха** waßpalénije ßrédniwa úcha
Mumps ... **сви́нка** ßwínka
Muskelzerrung ... **растяже́ние мы́шцы** raßtischénije mýschtzy
Nasenbluten ... **кровотече́ние из но́са** krawatitschénije is nóßa
Neuralgie ... **невралги́я** niwralgíja
Nierensteine ... **ка́мни в по́чках** kámni fpótschkach
Pilzinfektion ... **грибко́вая инфе́кция** gripkówaja inféktzyja
Prellung ... **ушиб** uschýp
Reisekrankheit ... **морска́я боле́знь** marßkája balésn
Rheuma ... **ревмати́зм** riwmatísm
Röteln ... **красну́ха** kraßnúcha
Salmonellenvergiftung ... **сальмонеллёз** ßalmanäljóß

Scharlach	скарлатина ßkarlatína
Schlaganfall	кровоизлияние в мозг krawa-islijánije wmoßk
Schnupfen	насморк náßmark
Schock	шок schok
Schüttelfrost	лихорадка licharátka
Schweißausbruch	обильное потение abílnaje paténije
Schwellung	припухлость pripúchlaßtj
Schwindel	головокружение galawakruschénije
Sehnenzerrung	растяжение сухожилия raßtischénije ßuchaschílija
Sodbrennen	изжога isch-schóga
Sonnenbrand	солнечный ожог ßólnitschnyj aschók
Sonnenstich	солнечный удар ßólnitschnyj udár
Stich	укус ukúß
Tetanus	столбняк ßtalbnják
bösartiger Tumor	злокачественная опухоль slakátschißtwinaja ópuchal
gutartiger Tumor	доброкачественная опухоль dabrakátschißtwinaja ópuchal
Übelkeit	тошнота taschnatá
Verbrennung	ожог aschók
Verletzung	травма tráwma
verrenkt	вывихнут wýwichnut
verstaucht	растянут raßtjánut
Verstopfung	запор sapór
Windpocken	ветрянка witrjánka
Wunde	рана rána
Zeckenbiss	укус клеща ukúß klischá

Zahnheilkunde

Dieser Zahn hier tut weh.	Э́тот зуб боли́т. ätat sup balít.
Der Zahn ist abgebrochen.	Зуб слома́лся. sup ßlamálßa.
Ich habe eine ... verloren.	Я потеря́л(♀ а) ... ja patirjál(♀ a) ...
... Füllung	... пло́мбу. ... plómbu.
... Krone	... коро́нку. ... karónku.
Können Sie den Zahn provisorisch behandeln?	Вы мо́жете подлечи́ть зуб? wy móschyti padlitschít sup?
Den Zahn bitte nicht ziehen.	Не удаля́йте, пожа́луйста, зуб. ni udaljáiti, paschálußta, sup.
Geben Sie mir bitte eine Spritze.	Сде́лайте мне, пожа́луйста, уко́л. sdélaiti mnje, paschálußta, ukól.
Geben Sie mir bitte keine Spritze.	Не де́лайте мне, пожа́луйста, уко́ла. ni délaiti mnje, paschálußta, ukóla.
Können Sie diese Prothese reparieren?	Вы можете почини́ть э́тот проте́з? wy móschyti patschinítj ätat pratäß?

Das könnten Sie hören:

Вам необходи́ма ... wam niapchadíma ...	Sie brauchen eine ...
... пло́мба. ... plómba.	... Füllung.
... коро́нка. ... karónka.	... Krone.
... мост. ... moßt.	... Brücke.

◂ Мне придётся удали́ть зуб.
mnje pridjótza udalítj sup.
Ich muss den Zahn ziehen.

◂ Хорошо́ прополощи́те рот, пожа́луйста.
charaschó prapalaschíti rot, paschálußta.
Bitte gut spülen.

◂ Два часа́ ничего́ не есть, пожа́луйста.
dwa tschißá nitschiwó ni jeßtj, paschalúßta.
Bitte zwei Stunden nichts essen.

Weitere Wörter

Abdruck	сле́пок ßljépak
Amalgamfüllung	пло́мба из амальга́мы plómba is amalgámy
Gebiss	че́люсть tschéljußtj
Goldinlay	золота́я вкла́дка salatája fklátka
Inlay	зубна́я вкла́дка subnája fklátka
Karies	ка́риес kárijeß
Kiefer	че́люсть tschéljußtj
Kunststofffüllung	пластма́ссовая пло́мба plaßmáßawaja plómba
Nerv	нерв njerf
Parodontose	пародонто́з paradantóß
Porzellanfüllung	фарфо́ровая пло́мба farfórawaja plómba
Provisorium	вре́менная пло́мба wréminaja plómba
Weisheitszahn	зуб му́дрости sup múdraßti
Wurzelbehandlung	лече́ние корней litschénije karnjéj
Zahn	зуб sup
Zahnfleisch	десна́ dißná
Zahnstein	зубно́й ка́мень subnój kámin

Zeit & Wetter

... die wichtigsten Sätze

Wie spät ist es?	**Кото́рый час?** katóryj tschaß?
Es ist ein Uhr.	**Час.** tschaß.
Es ist zwei Uhr.	**Два часа́.** dwa tschißá.
Es ist fünf nach vier.	**Пять мину́т пя́того.** pjatj minút pjátawa.
Es ist Viertel nach fünf.	**Че́тверть шесто́го.** tschétwirtj schißtówa.
Es ist halb sieben.	**Полови́на седьмо́го.** palawína ßidmówa.
Um wie viel Uhr?	**В кото́ром часу́?** fkatóram tschißú?
Zwischen zehn und zwölf Uhr.	**Ме́жду десятью́ и двена́дцатью часа́ми.** méschdu deßit-jú i dwinátzyt-ju tschißámi.

Es ist (zu) spät. **(Сли́шком) По́здно.** (ßlíschkam) pósna.

Es ist noch zu früh. **Ещё сли́шком ра́но.** jeschó ßlíschkam rána.

▸Uhrzeit, S. 220

Was für ein schönes Wetter heute!
Кака́я сего́дня хоро́шая пого́да!
kakája ßiwódnja charóschaja pagóda!

Was sagt der Wetterbericht?
Что обеща́ет прогно́з пого́ды?
schtó abischá-jit pragnóß pagódy?

Es wird schön. **Бу́дет чуде́сно.** búdit tschudéßna.

Es ist ziemlich windig.
День дово́льно ве́треный.
denj dawólna wétrinyj.

Es regnet. **Идёт дождь.** idjót doschtj.

Wie viel Grad haben wir?
Ско́лько гра́дусов?
ßkólka grádußaf?

Es sind ... Grad (unter null).
... гра́дусов (ни́же нуля́).
... grádußaf (níschy nuljá).

▸Wetter, S. 224

Zeit

Uhrzeit

Wie spät ist es?	Кото́рый час? katóryj tschaß?
Es ist ein Uhr.	Час. tschaß.
Es ist zwei Uhr.	Два часа́. dwa tschißá.
Es ist zwölf Uhr mittags.	По́лдень. póldin.
Es ist zwölf Uhr nachts.	По́лночь. pólnotsch.
Es ist fünf nach vier.	Пять мину́т пя́того. pjatj minút pjátawa.
Es ist Viertel nach fünf.	Че́тверть шесто́го. tschétwirtj schißtówa.
Es ist halb sieben.	Полови́на седьмо́го. palawína ßidmówa.
Es ist 15 Uhr 35.	Пятна́дцать часо́в три́дцать пять мину́т pitnátzytj tschißóf trítzytj pjatj minút.
Es ist Viertel vor neun.	Без че́тверти де́вять. biß tschétwirti déwitj.
Es ist zehn vor acht.	Без десяти́ во́семь. bis dißití wóßim.
Um wie viel Uhr?	В кото́ром часу́? fkatóram tschißú?
Um zehn Uhr.	В де́сять часо́в. wdéßitj tschißów.

Bis elf Uhr.	**До оди́ннадцати часо́в.** da adínatzyti tschißóf.
Von acht bis neun Uhr.	**С восьми́ до девяти́ часо́в.** ßwaßmí da diwití tschißóf.
Zwischen zehn und zwölf Uhr.	**Ме́жду десятью́ и двена́дцатью часа́ми.** méschdu deßit-jú i dwinátzyt-ju tschißámi.
In einer halben Stunde.	**Че́рез полчаса́.** tschériß poltschißá.
Es ist (zu) spät.	**(Сли́шком) По́здно.** (ßlíschkam) pósna.
Es ist noch zu früh.	**Ещё сли́шком ра́но.** jeschó ßlíschkam rána.

Zeitangaben

Abend	**ве́чер** wétschir
bald	**ско́ро** ßkóra
bis	**до** da
früh	**ра́но** rána
gestern	**вчера́** ftschirá
heute	**сего́дня** ßiwódnja
heute Abend	**сего́дня ве́чером** ßiwódnja wétschiram
heute Morgen	**сего́дня у́тром** ßiwódnja útram
heute Nachmittag	**сего́дня по́сле обе́да** ßiwódnja póßli abjéda
in 14 Tagen	**че́рез четы́рнадцать дней** tschériß tschitýrnatzytj dnej

Jahr .... год got
jetzt .... сейчас ßitscháß
manchmal .... иногда inagdá
Minute .... минута minúta
mittags .... в полдень fpóldin
Monat .... месяц méßitz
Morgen .... утро útra
morgen .... завтра sáftra
morgens .... утром útram
nächstes Jahr .... следующий год ßléduschij got
Nachmittag .... вторая половина дня ftarája palawína dnja
nachmittags .... после обеда póßli abjéda
Nacht .... ночь notsch
nachts .... ночью nótsch-ju
seit .... с ß
Sekunde .... секунда ßikúnda
spät .... поздно pósna
später .... позже pósch-schä
Stunde .... час tschaß
halbe Stunde .... полчаса poltschißá
Tag .... день djen
übermorgen .... послезавтра poßlisáftra
Viertelstunde .... четверть часа tschétwirtj tschißá
vor einem Monat .... месяц назад méßitz nasát
vor Kurzem .... недавно nidáwna
vorgestern .... позавчера pasaftschirá
Vormittag .... первая половина дня pérwaja palawína dnja
vormittags .... до обеда da abjéda
Woche .... неделя nidélja
Zeit .... время wrémja

Jahreszeiten

Frühling .... **весна́** wißná
Sommer .... **ле́то** ljéta
Herbst .... **о́сень** óßin
Winter .... **зима́** simá

Wochentage

Montag .... **понеде́льник** panidélnik
Dienstag .... **вто́рник** ftórnik
Mittwoch .... **среда́** ßridá
Donnerstag .... **четве́рг** tschitwérk
Freitag .... **пя́тница** pjátnitza
Samstag .... **суббо́та** ßubóta
Sonntag .... **воскресе́нье** waßkrißénje

Monate

Januar .... **янва́рь** jinwár
Februar .... **февра́ль** fiwrál
März .... **март** mart
April .... **апре́ль** aprél
Mai .... **май** mai
Juni .... **ию́нь** i-júnj
Juli .... **ию́ль** i-júl
August .... **а́вгуст** áwgußt
September .... **сентя́брь** ßintjábrj
Oktober .... **октя́брь** aktjábrj
November .... **ноя́брь** najábrj
Dezember .... **дека́брь** dikábrj

Wetter

Was für ein ... Wetter heute!	Какáя сегóдня ... погóда! kakája ßiwódnja ... pagóda!
... schönes	... хорóшая ... charóschaja
... schlechtes	... плохáя ... plachája
Wie wird das Wetter ...	Какáя погóда бýдет ... kakája pagóda búdit ...
... heute?	... сегóдня? ... ßiwódnja?
... morgen?	... зáвтра? ... sáftra?
Was sagt der Wetterbericht?	Что обещáет прогнóз погóды? schtó abischá-jit pragnóß pagódy?
Es wird ...	Бýдет ... búdit ...
... schön.	... чудéсно. ... tschudéßna.
... schlecht.	... плохáя погóда. ... plachája pagóda.
... warm.	... теплó. ... tipló.
... heiß.	... жáрко. ... schárka.
... kalt.	... хóлодно. ... chóladna.
... schwül.	... дýшно. ... dúschna.
Es wird Regen geben.	Бýдет дóждь. búdit dóschtj.
Es wird ein Gewitter geben.	Бýдет грозá. búdit grasá.
Die Sonne scheint.	Сóлнце свéтит. ßóntzy ßwétit.
Es ist ziemlich windig.	День довóльно вéтреный. denj dawólna wétrinyj.
Es regnet.	Идёт дождь. idjót doschtj.

Es schneit.	Идёт снег. idjót ßnjek.
Wie viel Grad haben wir?	Ско́лько гра́дусов? ßkólka grádußaf?
Es sind ... Grad (unter null).	... гра́дусов (ни́же нуля́). ... grádußaf (níschy nuljá).

Weitere Wörter

bewölkt	о́блачный óblatschnyj
Blitz	мо́лния mólnija
Dämmerung *(abends)*	зака́т sakát
Dämmerung *(morgens)*	рассве́т raß-ßwjét
diesig	па́смурный páßmurnyj
Donner	гром grom
feucht	вла́жный wláschnyj
frieren	моро́зить marósitj
es friert	моро́зит marósit
Frost	моро́з maróß
Glatteis	гололёд galaljót
Grad	гра́дус gráduß
Hagel	град grat
heiter	безо́блачный bisóblatschnyj
Hitze	жара́ schará
Hitzewelle	волна́ горя́чего во́здуха walná garjátschiwa wósducha
Hoch	о́бласть высо́кого давле́ния óblaßtj wyßókawa dawlénija
klar	я́сный jáßnyj
Klima	кли́мат klímat
kühl	прохла́дный prachládnyj

Luft .... **воздух** wósduch
Luftdruck .... **давление воздуха** dawlénije wósducha
Mond .... **луна** luná
nass .... **мокрый** mókryj
Nebel .... **туман** tumán
Niederschläge .... **осадки** aßátki
Nieselregen .... **моросящий дождь** maraßjáschij doschtj
Regenschauer .... **кратковременный дождь** kratkawréminyj doschtj
regnerisch .... **дождливый** daschdlíwyj
Schnee .... **снег** ßnjek
Sonne .... **солнце** ßóntzy
Sonnenaufgang .... **восход солнца** waßchót ßóntza
Sonnenuntergang .... **заход солнца** sachót ßóntza
sonnig .... **солнечный** ßólnitschnyj
Stern .... **звезда** swisdá
Sturm .... **шторм** schtorm
stürmisch *(böig)* .... **шквалистый** schkwálißtyj
tauen .... **таять** tajátj
es taut .... **тает** tájit
Temperatur .... **температура** timpiratúra
Tief .... **область низкого давления** óblaßtj níßkawa dawlénija
trocken .... **сухой** ßuchój
Unwetter .... **непогода** nipagóda
wechselhaft .... **переменный** piriményj
Wind .... **ветер** wétir
Wolke .... **облако** óblaka

Deutsch – Russisch

Wenn bei russischen Verben beide Aspekte gebräuchlich sind, geben wir als erste Form den unvollendeten Aspekt an und nach dem Schrägstrich den vollendeten Aspekt: запира́ть/запере́ть (abschließen).

A

ab с *(+ Gen)* ß

abbrechen *(Urlaub)* прерыва́ть/прерва́ть prirywátj/prirwátj

Abend ве́чер wétschir

Abendessen у́жин úschyn

aber но no

Abfahrt отправле́ние atprawlénije

Abfall му́сор múßar

abholen *(etwas)* забира́ть/забра́ть sabirátj/sabrátj; *(jemanden)* встреча́ть/встре́тить fßtritschát/fßtrétit

abnehmen брать/взять bratj/wsjatj; *(Gewicht)* худе́ть/похуде́ть chudétj/pachudétj

abreisen отъезжа́ть/отъе́хать atjischátj/atjéchatj

abschalten *(Gerät)* отключа́ть/отключи́ть atklutschátj/atklutschítj

abschleppen отбукси́ровать atbukßírawatj

abschließen запира́ть/запере́ть sapirátj/sapirétj

absichtlich наро́чно *Adv* naróschna

Abteilung отде́л ad-dél

Achtung внима́ние wnimánije

Achtung! Осторо́жно! aßtaróschna!

Adapter ада́птер adáptär

Adresse а́дрес ádriß

ähnlich похо́жий pachóschyj

Alkohol алкого́ль *m* alkagól

alle все fße

alles всё fßjo

als *(Vergleich)* чем tschem; *(zeitlich)* когда́ kagdá

alt ста́рый ßtáry

Alter во́зраст wósraßt

anbieten предлага́ть/предложи́ть pridlagátj/pridlaschítj

Andenken сувени́р ßuwinír

ändern изменя́ть/измени́ть isminjátj/isminítj; *(Kleidung)* перешива́ть/перешíть pirischiwátj/pirischítj

Anfang **нача́ло** natschála
anfangen **начина́ть/нача́ть** natschinátj/natschátj
Angebot **предложе́ние** pridlaschénije
Angst **страх** ßtrach
Ankunft **прибы́тие** pribýtije
Anmeldung **регистра́ция** rigißtrátzyja
anrufen **звони́ть/позвони́ть** *(+ Dat)* swanítj/paswanítj
Anschluss **соедине́ние** ßajidinénije
Ansichtskarte **откры́тка (с ви́дом)** atkrýtka (ßwídam)
anstrengend **утоми́тельно** *Adv* utamítilna
antik **антиква́рный** antikwárnyj
Antrag **заявле́ние** sajiwlénije
Antwort **отве́т** atwét
antworten **отвеча́ть/отве́тить** atwitschátj/atwétitj
Anzahlung **предопла́та** pridapláta
Anzeige *(Zeitung)* **объявле́ние** abjiwlénije
anziehen **надева́ть/наде́ть** nadiwátj/nadétj
Apotheke **апте́ка** aptéka
Appartement **одноко́мнатная кварти́ра** adnakómnatnaja kwartíra
Arbeit **рабо́та** rabóta
arbeiten **рабо́тать** rabótatj
ärgerlich **доса́дно** *Adv* daßádna
Armbanduhr **нару́чные часы́** narútschnyje tschißý
Arzt **врач** wratsch
Aschenbecher **пе́пельница** pépilnitza
atmen **дыша́ть** dyschátj
auch **то́же** tósche
auf *(geöffnet)* **откры́ытый** atkrýtyj
Aufenthalt **пребыва́ние** pribywánije; *(Zug)* **остано́вка** aßtanófka
aufgeregt **взволно́ванный** wswalnówany
aufhören **прекраща́ть/прекрати́ть** prikraschátj/prikratítj
aufpassen (auf) **следи́ть (за)** *(+ Instr)* ßlidítj sa
aufschreiben **запи́сывать/записа́ть** sapíßywatj/sapißátj
aufstehen **встава́ть/встать** fßtawátj/fßtatj
Aufzug **лифт** lift
ausdrucken **печа́тать/отпеча́тать** pitschátatj/atpitschátatj
Ausflug **экску́рсия** äkßkúrßija
ausfüllen *(Formular)* **заполня́ть/запо́лнить** sapalnjátj/sapólnitj

Ausgang **вы́ход** wýchat
ausgehen **выходи́ть/вы́йти** wychadítj/wýjti
ausgezeichnet **отли́чно** *Adv* atlítschna
Auskunft *(Schalter)* **спра́вочное бюро́** ßpráwatschnaje bjuró
Ausland **грани́ца** sagranítza
ausleihen **брать/взять напрока́т** bratj/wsatj naprakát
ausmachen *(Licht)* **выключа́ть/вы́ключить** wykljutschátj/wýkljutschitj; *(verabreden)* **догова́риваться/договори́ться** dagawáriwatza/dagawáritza
sich ausruhen **отдыха́ть/отдохну́ть** ad-dychátj/ad-dachnútj
aussehen **вы́глядеть** wýgliditj
außer **кро́ме** *(+ Gen)* krómi
außerhalb **за преде́лами** sapridélami
Aussicht **вид** wit
aussteigen **выходи́ть/вы́йти** wychadítj/wýjti
Ausstellung **вы́ставка** wýßtafka
Ausverkauf **распрода́жа** raßpradáscha
auswechseln **смени́ть** ßminítj
Ausweis **удостовере́ние ли́чности** udaßtawirénije lítschnaßti
ausziehen *(Wohnung)* **выезжа́ть/вы́ехать** wyjeschátj/wyjéchatj; *(Kleidung)* **снима́ть/снять** ßnimátj/ßnjatj; **sich ~** **раздева́ться/разде́ться** rasdiwátza/rasdétza
Auto **маши́на** maschína
Autobahn **автомагистра́ль** *f* aftamagißtrál

B

Bad **ва́нная** wánaja
Badewanne **ва́нна** wána
Bahnhof **вокза́л** wagsál
bald **ско́ро** *Adv* ßkóra
Bank *(Geldinstitut)* **банк** bank; *(Parkbank)* **скаме́йка** ßkaméjka
bar **нали́чный** nalítschnyj
Batterie **батаре́йка** bataréjka; *(aufladbar)* **аккумуля́тор** akumulátar
bauen **стро́ить** ßtró-itj
Baum **де́рево** dériwa
Bedienung *(Kellner)* **официа́нт** afitziánt; *(Service)* **обслу́живание** apßlúschiwanije
beeilen **спеши́ть/поспеши́ть** ßpischítj/paßpischítj

befestigen **прикреплять/прикрепить** prikripljátj/prikripítj
Beginn **начало** natschála
begleiten **сопровождать/сопроводить** ßaprawaschdátj/ßaprawadítj
begrüßen **приветствовать/поприветствовать** priwétßtwawatj/papriwétßtwawatj
behalten **оставлять/оставить себе** aßtawljátj/aßtáwitj ßibé
Behälter **ёмкость** *f* jómkaßtj
Behörde **учреждение** utschrischdénije
bei **у** *(+ Gen)* u
beinahe **почти** patschtí
Beispiel **пример** primér; **zum ~** **например** naprimér
beißen **кусать/укусить** kußátj/ukußítj
bekannt **знакомый** snakómyj
bekommen **получать/получить** palutschátj/palutschítj
benachrichtigen **сообщать/сообщить** ßa-apschátj/ßa-apschítj
benutzen **пользоваться** *(+ Instr)* pólsawatza
Benzin **бензин** binsín
bequem **удобно** *Adv* udóbna
Berg **гора** gará
Beruf **профессия** prafé ßija
berühren **трогать/тронуть** trógatj/trónutj
beschädigen **портить/испортить** portítj/ißpórtitj
sich beschweren **жаловаться/пожаловаться** schálawatza/paschálawatza
Besen **веник** wénik
besetzt **занято** *Adv* sánita
Besichtigung **осмотр** aßmótr
besitzen **владеть** *(+ Instr)* wladétj
Besitzer **владелец** wladélitz
besser **лучше** lútsch-schy
Bestätigung **подтверждение** pat-twirschdénije
Besteck **прибор** pribór
bestellen **заказывать/заказать** sakásywatj/sakasátj
Bestellung **заказ** sakáß
bester **лучший** lútsch-schyj
besuchen **посещать/посетить** paßischátj/paßitítj
betrunken **пьяный** pjányj
Bett **кровать** *f* krawátj
Bettwäsche **постельное бельё** paßtjélnaje bil-jó
sich bewegen **двигаться/подвигаться** dwígatza/padwígatza
Beweis **доказательство** dakasátilßtwa

bezahlen платить/заплатить platítj/saplatítj
Bild *(Foto)* фотография fatagráfija; *(Gemälde)* картина kartína
Bildschirm экран äkrán
Bindfaden верёвка wirjófka
bis до *(+ Gen)* da
ein bisschen немного nimnóga
bitte пожалуйста paschálußta
bitten um просить/попросить о *(+ Präp)* praßítj/papraßítj a
bleiben оставаться/остаться aßtawátza/aßtátza
Blume цветок tzwitók
Boden земля simljá
Brand пожар paschár
brauchen нуждаться nuschdátza
breit широкий schirókij
brennen гореть/сгореть garétj/sgarétj
Brief письмо pißmó
Briefkasten почтовый ящик patschtówyj jáschík
Briefmarke почтовая марка patschtówaja márka
Brieftasche бумажник bumáschnik
Brille очки *Pl* atschkí
bringen приносить/принести prinaßítj/priníßtí
Brücke мост moßt
Bruder брат brat
Buch книга kníga
buchen бронировать/забронировать branírawatj/sabranírawatj
Büro офис ófiß
Bus автобус aftóbuß

C

Café кафе kafä́
Computer компьютер kampjúter

D

da *(örtlich)* там tam
Dach крыша krýscha
Dame дама dáma
danach затем satém
danke спасибо ßpaßíba
Datum дата dáta
dauern длиться/продлиться dlítza/pradlítza
Decke *(Wolldecke)* одеяло adijála
denken an думать/подумать о *(+ Präp)* dúmatj/padúmatj a
denn так как ták-kak
deshalb поэтому paätamu
auf Deutsch по-немецки panimjétzki
Deutsche немка *f* némka; ~r немец *m* némitz
Deutschland Германия girmánija
dick толстый tólßtyj

Dienstag **вто́рник** ftórnik
Ding **вещь** *f* wesch
direkt **пря́мо** *Adv* prjáma
Donnerstag **четве́рг** tschitwérk
doppelt **двойно́й** dwajnój
Dorf **дере́вня** diréwnja
dort **там** tam
Dose **консе́рвная ба́нка** kanßérwnaja bánka
Dosenöffner **консе́рвный нож** kanßérwnyj nosch
draußen **на у́лице** na úlitzi
dringend **сро́чно** *Adv* ßrótschna
drinnen **внутри́** wnutrí
Drogen **нарко́тики** narkótiki
drücken **дави́ть/надави́ть** dawítj/nadawítj; *(Schuh)* **жать** schatj
dunkel **тёмный** tjómnyj
dünn **то́нкий** tónkij
durch **че́рез** tschériß
Durchgang **прохо́д** prachót
Durst **жа́жда** scháschda
durstig sein **хоте́ть пить** chatjétj pitj
Dusche **душ** dusch

E

eben *(flach)* **ро́вный** równyj
echt **настоя́щий** naßtajáschjij
Ecke **у́гол** úgal
Ehefrau **жена́** schyná
Ehemann **муж** musch
Eimer **ведро́** widró
ein **оди́н** *m* adín; **одно́** *n* adnó; **~e** **одна́** *f* adná
einfach **про́сто** *Adv* próßta
Eingang **вход** fchot
einkaufen **покупа́ть/купи́ть** pakupátj/kupítj
Einladung **приглаше́ние** priglaschénije
einpacken **упако́вывать/упакова́ть** upakówywatj/upakawátj
einschalten **включа́ть/включи́ть** fkljutschátj/fkljutschítj
einsteigen **входи́ть/войти́** fchadítj/wajtí
eintreten **входи́ть/войти́** fchadítj/wajtí
Eintritt **вход** fchot
Eintrittskarte **входно́й биле́т** wchadnój bilét
einzeln **отде́льный** ad-délnyj
elektrisch **электри́ческий** älektrítschißkij
Eltern **роди́тели** radítili
Empfang **приём** prijóm
empfehlen **сове́товать/посове́товать** ßawétawatj/paßawétawatj
Ende **коне́ц** kanjétz
eng **у́зкий** úßkij
Entfernung **расстоя́ние** raßtajánije

entlang вдоль *(+ Gen)* wdol
Entschuldigung! Извините! iswiníti!
enttäuscht разочарóванный rasatschirówanyj
Erde земля́ simljá; *(Fußboden)* пол pol
Erdgeschoss пéрвый этáж pérwyj ytásch
erfahren óпытный *Adj* ópytnyj
Erfolg успéх ußpéch
Ergebnis результáт risultát
sich erinnern an вспоминáть/вспóмнить о *(+ Präp)* fßpaminátj/fßpómnitj a
erklären объяснять/объяснúть abjißnjátj/abjißnítj
Erlaubnis разрешéние rasrischénije
Ermäßigung льгóты *pl* lgóty
ernst серьёзный ßirjósnyj
Ersatzteil запчáсть *f* saptschäßtj
ersetzen *(austauschen)* заменять/заменúть saminjátj/saminítj
erste пéрвая *f* pérwaja; **~r** пéрвый *m* pérwyj
erwarten ожидáть aschidátj
erzählen расскáзывать/рассказáть raßkásywatj/raßkasátj
essen есть/поéсть jeßtj/pajéßtj
Etage этáж ytásch
etwas что́-нибудь schtó-nibutj
Euro éвро *m* jéwra

F

Fähre парóм parόm
fahren éхать/éздить jéchatj/jésditj
Fahrkarte билéт biljét
Fahrplan расписáние raßpißánije
Fahrrad велосипéд wilaßipét
Fahrt поéздка pajéßtka
fallen пáдать/упáсть pádatj/upáßtj
falsch непрáвильный nipráwilnyj; *(unecht)* фальшúвый falschíwyj
Familie семья́ ßimjá
Farbe цвет tzwet
fast почтú patschtí
fehlen отсýтствовать atzútztwawatj
Fehler ошúбка aschýpka
Feiertag выходнóй день *m* wychadnój denj
Feld пóле póli
Fels(en) *(am Meer)* скалá ßkalá
Fenster окнó aknó
Fernseher телевúзор tiliwísar
fertig готóвый gatówyj
fest *(stabil)* прóчный prótschnyj
fett жúрный schýrnyj
feucht влáжный wláschnyj

Feuer **огóнь** *m* agón
Feuerzeug **зажигáлка** saschygálka
Film **фильм** film
finden **находи́ть/найти́** nachadítj/najtí
Fisch **ры́ба** rýba
fischen **лови́ть ры́бу** lawítj rýbu
flach **плóский** plóßkij
Flasche **буты́лка** butýlka
Flaschenöffner **открывáлка** atkrywálka
Fleck **пятнó** pitnó
fliegen **летéть/летáть** litétj/litátj
Fluss **рекá** riká
flüssig **жи́дкий** schýtkij
Flut **прили́в** prilíf
Formular **формуля́р** farmuljár
fotografieren **фотографи́ровать** fatagrafírawatj
Frage **вопрóс** waprόß
Frau **жéнщина** schénschina; *(Anrede)* **госпожá** gaßpaschá
Freund **друг** *m* druk; **~in** **подрýга** *f* padrúga
freundlich **любéзный** lubésnyj
Frieden **мир** mir
frieren **мёрзнуть/замёрзнуть** mjórsnutj/samjórsnutj
frisch **свéжий** ßwéschyj
früh **рáно** *Adv* rána
früher **рáньше** ránschy
Frühstück **зáвтрак** sáftrak
funktionieren **рабóтать** rabótatj
für **для** *(+ Gen)* dlja

G

Gabel **ви́лка** wílka
ganz **цéлый** tzélyj
Garantie **гарáнтия** garántija
Garten **сад** ßat
Gas **газ** gaß
Gast **гость** *m* goßtj
Gastgeber **хозя́ин** *m* chasjá-in; **~in** **хозя́йка** *f* chasjájka
geben **давáть/дать** dawátj/datj; **es gibt** **имéется** iméjitza
Gebirge **гóры** *pl* góry
Geburtstag **день рождéния** *m* djen raschdénija
gefährlich **опáсный** apáßnyj
gefallen **нрáвиться/понрáвиться** nráwitza/panráwitza
Gegenteil **противополóжность** *f* pratiwapalóschnaßtj
gegenüber **напрóтив** *(+ Gen)* naprótif
gehen **идти́/ходи́ть** ití/chadítj
gehören **принадлежáть** prinadlischátj
Geld **дéньги** *pl* djéngi
Gelegenheit **возмóжность** *f* wasmóschnaßtj

gemeinsam **вмéсте** wméßti
gemütlich **уютный** ujútnyj
genau **тóчный** tótschnyj
genug **достáточно** *Adv* daßtátatschna
geöffnet **откры́т** *m* atkrýt
Gepäck **багáж** bagásch
geradeaus **пря́мо** *Adv* prjáma
Geräusch **шум** schum
Gericht *(Essen)* **блю́до** blúda
Geruch **зáпах** sápach
Geschäft **магази́н** magasín
Geschenk **подáрок** padárak
geschlossen **закры́т** sakrýt
Geschmack **вкус** fkuß
Geschwindigkeit **скóрость** *f* ßkóraßtj
Geschwister **брáтья и сёстры** brátja i ßjóßtry
Gesetz **закóн** sakón
Gespräch **разговóр** rasgawór
gestern **вчерá** ftschirá
gesund **здорóвый** sdarówyj
Getränk **напи́ток** napítak
gewinnen **выи́грывать/вы́играть** wy-ígrywatj/wý-igratj
giftig **ядови́тый** jadawítyj
Glas *(zum Trinken)* **стакáн** ßtakán
glatt **глáдкий** glátkij
glauben **вéрить/повéрить** wéritj/pawéritj
Glück **счáстье** schäßtje
glücklich **счастли́вый** schißlíwyj
Gras **травá** trawá
gratulieren **поздравля́ть/поздрáвить** pasdrawljátj/pasdráwitj
Grenze **грани́ца** granítza
groß **большóй** balschój
Größe **размéр** rasmjér
Großeltern **бáбушка и дéдушка** bábuschka i déduschka
Grund *(Ursache)* **причи́на** pritschína
Gruppe **грýппа** grúpa
gültig **действи́тельный** dijßtwítilnyj
gut **хорóший** charóschyj

H

haben **имéть** imétj
Hafen **порт** port
Haken **крючóк** krutschók
Hälfte **полови́на** napalawína
Hallo! **Привéт!** priwjét!
halten **держáть** dirschátj; *(anhalten)* **останáвливаться/останови́ться** aßtanáwliwatza/aßtanawítza
Haltestelle **остановка** aßtanófka
Handgepäck **ручнáя кладь** *f* rutschnája klatj
Handtasche **сýмка** ßúmka
Handtuch **полотéнце** palaténtzy

hart **твёрдый** twjórdyj
hässlich **некраси́вый** nikraßíwyj
Haus **дом** dom; **nach ~e** **домо́й** damój
heiraten *(Frau)* **выходи́ть/вы́йти за́муж** wychadítj/wýjti sámusch; *(Mann)* **жени́ться/пожени́ться** schinítza/paschinítza
heiß **горя́чий** garjátschij
heißen **звать** swatj
Heizung **отопле́ние** ataplénije
helfen **помога́ть/помо́чь** pamagátj/pamótsch
Herr **господи́н** gaßpadín
heute **сего́дня** ßiwódnja
hier **здесь** sdjeß
Hilfe **по́мощь** *f* pómasch
Hilfe! **Помоги́те!** pamagíte!
Himmel **не́бо** njéba
hinten **сза́ди** s-sádi
hinter **за** *(+ Instr)* sa
Hitze **жара́** schará
Hobby **хо́бби** chóbi
Höhe **высота́** wyßatá
holen **приноси́ть/принести́** prinaßítj/prinißtí
Holz **де́рево** dériwa
hören **слы́шать/услы́шать** ßlýschatj/ußlýschatj
Hotel **оте́ль** *m* atél
hübsch **краси́вый** kraßíwyj
Hund **соба́ка** ßabáka
Hunger **го́лод** gólat
hungrig sein **быть голо́дным** bytj galódnym

I

ich **я** ja
Idee **иде́я** idéja
immer **всегда́** fßigdá
in **в** *(wohin? + Akk/wo? + Präp)* w
innen **внутри́** wnutrí
Insel **о́стров** óßtraf
interessant **интере́сный** intiréßnyj
sich interessieren (für) **интересова́ться/заинтересова́ться** *(+ Instr)* intirißawátza/saintirißawátza
Irrtum **оши́бка** aschípka

J

ja **да** da
Jahr **год** got
jemand **кто́-то** któ-ta
Job **рабо́та** rabóta
jung **молодо́й** maladój
Junge **ма́льчик** máltschik

K

Kalender **календа́рь** *m* kalindár
kalt **холо́дный** chalódnyj
Kanister **кани́стра** kaníßtra
kaputt **сло́ман** ßlóman

Karte **ка́рта** kárta
Kasse **ка́сса** káßa
Katze **ко́шка** kóschka
kaufen **покупа́ть/купи́ть** pakupátj/kupítj
kein **никако́й** nikakój
kennen **знать** snatj
Kerze **свеча́** ßwitschá
Kette **цепо́чка** tzypótschka
Kilometer **киломе́тр** kilamétr
Kind **ребёнок** ribjónak
Kirche **це́рковь** *f* tzérkaf
klein **ма́ленький** málinkij
Klimaanlage **кондиционе́р** kanditzianér
Klingel **звоно́к** swanók
klug **у́мный** úmnyj
Knopf **пу́говица** púgawitza
kochen **вари́ть/свари́ть** warítj/ßwarítj
Koffer **чемода́н** tschimadán
kommen **приходи́ть/прийти́** prichadítj/prijtí
Kongress **конгре́сс** kangréß
Kopierer **ксе́рокс** kßérakß
Korb **корзи́на** karsína
Korkenzieher **што́пор** schtópar
kosten **сто́ить** ßtó-itj
kostenlos **беспла́тный** bißplátnyj
Krach **шум** schum
krank **больно́й** balnój
Krankheit **боле́знь** *f* balésn
Kreuzung **перекрёсток** pirikrjóßtak
Küche **ку́хня** kúchnja
Kugelschreiber **ша́риковая ру́чка** schárikawaja rútschka
kühl **прохла́дный** prachládnyj
Kühlschrank **холоди́льник** chaladílnik
Kunst **иску́сство** ißkúßtwa
Kurve **поворо́т** pawarót
kurz **коро́ткий** karótkij
vor Kurzem **неда́вно** *Adv* nidáwna
Kuss **поцелу́й** patzylúj
küssen **целова́ть/поцелова́ть** tzylawátj/patzylawátj
Küste **побере́жье** pabiréschje

L

lachen **смея́ться/посмея́ться** ßmijátza/paßmijátza
Lampe **ла́мпа** lámpa
Landschaft **ландша́фт** landscháft
Landstraße **шоссе́** schaßȧ́
lang **дли́нный** dlínyj
langsam **ме́дленно** *Adv* médlina
langweilig **ску́чный** ßkútschnyj
laut **гро́мко** *Adv* grómka
leben **жить** schytj
Leder **ко́жа** kóscha
ledig **холосто́й** *m* chalaßtój; **незаму́жняя** *f* nisamúschnija
leer **пусто́й** pußtój
legen **класть/положи́ть** klaßtj/palaschýtj

leicht лёгкий ljóchkij
leihen брать/взять напрокáт bratj/wsjatj naprakát
lernen учи́ть(ся) utschít(za)
lesen читáть/прочитáть tschitátj/pratschitátj
Leute лю́ди lúdi
Licht свет ßwjet
lieben люби́ть lubítj
Lied пéсня péßnja
liegen лежáть lischátj
links слéва ßléwa
Liste спи́сок ßpíßak
Lizenz лицéнзия litzánsija
Loch дырá dyrá
Löffel лóжка lóschka
Luft вóздух wósduch
Lüge ложь *f* losch
lustig весёлый wißjólyj

M

machen дéлать/сдéлать délatj/sdélatj
Mädchen дéвочка déwatschka
Mal раз raß; **ein anderes ~** в другóй раз wdrugój raß
manchmal иногдá *Adv* inagdá
Mann мужчи́на muschína
Markt ры́нок rýnak
Maschine маши́на maschína
Meer мóре móri
mehr бóльше bólschy
meinen дýмать/подýмать dúmatj/padúmatj
Mensch человéк tschilawjék
Messer нож nosch
Meter метр metr
Miete плáта за арéнду pláta sa aréndu
mieten арендовáть arendawátj
Minute минýта minúta
Misstrauen недовéрие nidawérije
Missverständnis недоразумéние nidarasuménije
mit с *(+ Instr)* ß
Mittagessen обéд abjét
Mittwoch средá ßridá
Möbel мéбель *f* mébil
modern соврéменный ßawrimjényj
mögen люби́ть lubítj
möglich возмóжно *Adv* wasmóschna
Monat мéсяц méßitz
Mond лунá luná
Montag понедéльник panidélnik
Morgen ýтро útra
morgens ýтром útram
Mücke комáр kamár
müde устáлый ußtályj
Müll мýсор múßar
Mülleimer мýсорное ведрó múßarnaje widró
Münze монéта manéta
Museum музéй muséj
Musik мýзыка músyka

Mutter мать *f* matj

N

nachher потóм patóm
Nachmittag вторáя половúна дня ftarája palawína dnja
Nachricht сообщéние ßa-apschénije
Nachrichten *(Fernsehnachrichten)* нóвости nówaßti
Nacht ночь *f* notsch
nackt гóлый gólyj
Nadel игóлка igólka
Nagel *(Fingernagel)* нóготь *m* nógatj
nah блúзкий blíßkij
Name úмя ímja
nass мóкрый mókryj
Nationalität национáльность *f* natzyanálnaßtj
Natur прирóда priróda
natürlich естéственный jeßtéßtwinyj
Natürlich! Конéчно! kanéschna!
neben рядом с *(+ Instr)* rjádamß
nehmen брать/взять bratj/wsjatj
nein нет njet
nervös нéрвный nérwnyj
nett мúлый mílyj
Netz сеть *f* ßetj
neu нóвый nówyj
neugierig любопы́тный ljubapýtnyj
nicht не ni
Nichtraucher некуря́щий nikurjáschij
nie никогдá nikagdá
niedrig нúзкий níßkij
niemand никтó niktó
nirgendwo нигдé nigdjé
noch ещё jischó; **~ einmal** ещё раз jischóraß; **~ nicht** ещё нет jischó njet
Norden сéвер ßéwir
Notausgang запáсный вы́ход sapáßnyj wýchat
Notfall э́кстренный слу́чай ắkßtrinnyj ßlútschyj
Notiz зáпись *f* sápiß
Nummer нóмер nómir
nur тóлько tólka
nützlich полéзный palésnyj

O

oben свéрху ßwérchu
oder úли íli
offen откры́тый atkrýtyj
öffnen открывáть/откры́ть atkrywátj/atkrýtj
oft чáсто *Adv* tscháßta
ohne без *(+ Gen)* beß
ökologisch экологúческий äkalagítschißkij
Öl (растúтельное) мáсло (raßtítilnaje) máßla
Ordnung порядок parjádak

Orientierung **ориентáция** arijintátzija
Original **оригинáл** ariginál
Ort **мéсто** mjéßta
Ortszeit **мéстное врéмя** mjéßnaje wrémja
Osten **востóк** waßtók
Ozon **озóн** asón

P

paar **нéсколько** njéßkalka
Päckchen **бандерóль** *f* bandäról
Packung **упакóвка** upakófka
Paket **посы́лка** paßýlka
Papiere **докумéнты** dakuménty
Park **парк** park
Pass **пáспорт** páßpart
passen **подходи́ть/подойти́** padchadítj/padajtí
Pauschale **óбщая (округлённая) сýмма** ópschyja (akrugljónaja) ßúma
Pause **переры́в** pirirýf; *(Theater)* **антрáкт** antrákt
Pech **неудáча** ni-udátscha
peinlich **нелóвко** *Adv* nilófka
perfekt **превосхóдный** priwaßchódnyj
Person **лицó** litzó
persönlich **ли́чный** lítschnyj
Pflanze **растéние** raßténije
Pflaster *(Wundpflaster)* **плáстырь** *m* pláßtyr
pflegen **ухáживать** ucháschywatj
Plakat **плакáт** plakát
Plan **план** plan
Platz *(innerstädtisch)* **плóщадь** *f* plóschytj
Portemonnaie **кошелёк** kaschiljók
Post **пóчта** pótschta
Poster **плакáт** plakát
Postkarte **откры́тка** atkrýtka
Preis **ценá** tzyná
preisgünstig **недорогóй** nidaragój
Preisliste **прейскурáнт** prißkuránt
probieren *(versuchen)* **прóбовать/попрóбовать** próbawatj/paprόbawatj
Problem **проблéма** probléma
Produkt **продýкт** pradúkt
Programm **прогрáмма** pragráma
Prospekt **реклáмный проспéкт** riklámnyj praßpékt
Proviant **прови́зия** prawísija
Prozent **процéнт** pratzént
pur *(Getränk)* **неразбáвленный** nirasbáwlinyj
putzen **чи́стить/почи́стить** tschíßtitj/patschíßtitj
Putzmittel **срéдство для чи́стки** ßrjétßtwa dlja tschíßtki

Q

Qualität **ка́чество** kátschißtwa
quer **поперёк** papirjók
Quittung **квита́нция** kwitántzyja

R

Rabatt **ски́дка** ßkítka
Radfahrer **велосипеди́ст** wilaßipidíßt
Radio **ра́дио** rádio
Rasen **газо́н** gasón
rasten **де́лать/сде́лать прива́л** djélatj/ßdjélatj priwál
Rat **сове́т** ßawjét
Rätsel **зага́дка** sagátka
Rauch **дым** dym
rauchen **кури́ть/покури́ть** kurítj/pakurítj
Raucher **куря́щий** kurjáschij
rechnen **счита́ть/посчита́ть** schitátj/paschitátj
Rechnung **счёт** schjot
Recht **пра́во** práwa; *(Gesetz)* **зако́н** sakón; ~ **haben** **быть пра́вым** bytj práwym
rechtzeitig **во́время** *Adv* wówrimja
reden **говори́ть/поговори́ть** gawarítj/pagawarítj; *(miteinander)* **разгова́ривать** rasgawáriwatj
regelmäßig **регуля́рно** *Adv* riguljárna
Region **регио́н** rigión
registrieren **регистри́ровать/зарегистри́ровать** rigißtrírawatj/sarigißtrírawatj
reich **бога́тый** bagátyj
reif **спе́лый** ßpélyj
Reifen **ши́на** schýna
reinigen **чи́стить/почи́стить** tschíßtitj/patschíßtitj
Reise **путеше́ствие** putischéßtwije
Reisebüro **бюро́ путеше́ствий** bjuró putischéßtwij
Reiseführer **путеводи́тель** *m* putiwadítil
reisen **путеше́ствовать** putischéßtwawatj
Reisepass **па́спорт** páßpart
Reisetasche **доро́жная су́мка** daróschnaja ßúmka
Reklamation **реклама́ция** riklamátzija
Rentner, -in **пенсионе́р** *m/f* pinßianjér
Reparatur **ремо́нт** rimónt
reserviert **зака́зан** sakásan
Reservierung **зака́з** sakáß
Rezept **реце́пт** ritzäpt
Rezeption **администра́ция** adminißtrátzija
richtig **пра́вильный** práwilnyj
Richtung **направле́ние** naprawlénije

rückerstatten возмещáть/ возместúть wasmischátj/ wasmißtítj
rückwärts назáд nasát
rufen звать/позвáть swatj/ paswátj
Ruhe покóй pakój; **in ~ lassen оставля́ть/остáвить в покóе** aßtawljátj/aßtáwitj fpakóje
Ruhe! Тúхо! tícha!
ruhig спокóйный ßpakójnyj
Ruine руúны *pl* ru-íny
Russe рýсский rúßkij
Russin рýсская rúßkaja
russisch рýсский rúßkij; *(Sprache)* **рýсский (язы́к)** rúßkij (jisýk); **auf Russisch по-рýсски** parúßki
Russland Россúя raßíja

S

Saal зал sal
Sackgasse тупúк tupík
Safe сейф ßejf
sagen говорúть/сказáть gawarítj/ßkasátj
Saison сезóн ßisón
Salz соль *f* ßol
salzig солёный ßaljónyj
sammeln собирáть/собрáть ßabirátj/ßabrátj
Samstag суббóта ßubóta
Sand песóк pißók
satt сы́тый ßýtyj
sauber чúстый tschíßtyj
sauer *(Speise)* **кúслый** kíßlyj
Säugling младéнец mladénitz
Sauna сáуна ßáuna
Schachtel корóбка karópka
Schaden вред wret
schädlich врéдный wrédnyj
Schaffner(in) проводнúк, проводнúца prawadník, prawadnítza
Schalter *(elektrisch)* **переключáтель** *m* piriklutschátil; *(Fahrkarten, Bank usw.)* **окóшко** akóschka
scharf óстрый óßtryj
Schatten тень *f* tjen
schauen смотрéть/посмотрéть ßmatrétj/paßmatrétj
Schaufenster витрúна witrína
Scheibe *(Brot)* **кусóк** kußók; *(Glas)* **стеклó** stikló
Scheidung развóд raswót
scheinen *(Sonne)* **светúть** ßwititj; **es scheint кáжется** káschitza
schenken дарúть/подарúть darítj/padarítj
Schere нóжницы *pl* nóschnitzy
schicken посылáть/послáть paßylátj/paßlátj
Schiff корáбль *m* karábl
Schild щит schit
schimmelig заплесневéлый saplißniwélyj

schimpfen **ругáть/отругáть** rugátj/atrugátj
Schirm *(Regenschirm)* **зóнтик** sóntik
Schlaf **сон** ßon
schlafen **спать/поспáть** ßpatj/paßpátj
schlank **стрóйный** ßtrójnyj
mir ist schlecht **мне плóхо** mnje plócha
schließen **закрывáть/закры́ть** sakrywátj/sakrýtj
Schließfach **автоматúческая кáмера хранéния** aftamatítschißkaja kámira chranénija
Schloss *(Gebäude)* **зáмок** sámok
Schluss **конéц** kanjétz
Schlüssel **ключ** klutsch
schmal **ýзкий** úßkij
schmecken **нрáвиться на вкус** nráwitza na fkuß; **es schmeckt** **э́то вкýсно** ắta fkúßna; **Schmeckt es dir?** **Тебé вкýсно?** tibjé fkúßna?
Schmerz **боль** *f* bol
Schmuck **украшéние** ukraschénije
schmutzig **грязный** grjásnyj
schnarchen **храпéть** chrapétj
schneiden **рéзать/порéзать** résatj/parésatj
schnell **бы́стрый** býßtryj
Schnupfen **нáсморк** náßmark
Schock **шок** schok
schön **красúвый** kraßíwyj
Schrank **шкаф** schkaf
Schranke **шлагбáум** schlagbáum
schreiben **писáть/написáть** pißátj/napißátj
schreien **кричáть/закричáть** kritschátj/sakritschátj
Schrift **шрифт** schrift
Schule **шкóла** schkóla
Schüssel **мúска** mißka
schwach **слáбый** ßlábyj
schwanger **берéменная** biréminaja
schweigen **молчáть/замолчáть** maltschátj/samaltschátj
Schweiz **Швейцáрия** schwijtzárija
schwer **тяжёлый** tischólyj; *(schwierig)* **трýдный** trúdnyj
Schwester **сестрá** ßißtrá
Schwierigkeit **слóжность** *f* ßlóschnaßtj
Schwimmbad **бассéйн** baßéjn
schwimmen **плáвать** pláwatj
schwitzen **потéть/вспотéть** patétj/fßpatétj
schwül **дýшный** dúschnyj
See **зеро** ósira
segeln **плáвать на пáрусной лóдке** pláwatj na párußnaj lótki

Sehenswürdigkeiten **достопримеча́тельности** daßtaprimitschátilnaßti
sehr **о́чень** ótschin
Seife **мы́ло** mýla
Seil **кана́т** kanát
Seilbahn **кана́тная доро́га** kanátnaja daróga
sein *(existieren)* **быть** bytj
seit **с** *(+ Gen)* ß
Seite **сторона́** ßtaraná; *(Buch)* **страни́ца** ßtranítza
Sekunde **секу́нда** ßikúnda
selten **ре́дко** *Adv* rétka
senden **посыла́ть/посла́ть** paßylátj/paßlátj
Sender **радиоста́нция** radiaßtántzyja
Serviette **салфе́тка** ßalfétka
Sessel **кре́сло** kréßla
sich setzen **сади́ться/сесть** ßadítza/ßeßtj
Sex **секс** ßäkß
sicher *(überzeugt)* **уве́ренный** uwérinyj
Sicherheit **безопа́сность** *f* bisapáßnaßtj
Sicherheitsnadel **англи́йская була́вка** anglíjßkaja buláfka
Sicherung **предохрани́тель** *m* pridachranítil
Sicht **вид** wit
Sie *(Höflichkeitsform)* **Вы** wy
Sieg **побе́да** pabjéda
singen **петь/спеть** petj/ßpetj
Sitz *(Firma)* **резиде́нция** risidéntzija; *(Platz)* **сиде́нье** ßidén-je
sitzen **сиде́ть** ßidétj
sofort **сра́зу** ßrásu
Sohn **сын** ßyn
Sonderangebot **специа́льное предло́жение** ßpitzyiálnaje pridlaschénije
Sonne **со́лнце** ßóntzy
Sonnenbrille **солнцезащи́тные очки́** ßólntzysaschítnyje atschkí
Sonntag **воскресе́нье** waßkrißénje
sparen **эконо́мить** äkanómitj
Spaß **шу́тка** schútka
Spaß machen **шути́ть/ пошути́ть** schutítj/paschutítj
spät **по́здно** *Adv* pósna
später **по́зже** póschä
Spaziergang **прогу́лка** pragúlka
Spiegel **зе́ркало** sérkala
spielen **игра́ть** igrátj
Spielplatz **де́тская площа́дка** djétzkaja plaschátka
Spielzeug **игру́шка** igrúschka
Spinne **пау́к** pa-úk
Splitter **оско́лок** aßkólak
Sport **спорт** ßport
Sprache **язы́к** jisýk
spülen *(Geschirr)* **мыть/помы́ть посу́ду** mytj/pamýtj paßúdu

Staatsangehörigkeit **гражда́нство** graschdánßtwa
Stadion **стадио́н** ßtadión
Stadt **го́род** górat
Stadtmitte **центр го́рода** tzäntr górada
Stadtplan **ка́рта го́рода** kárta górada
stark **си́льный** ßílnyj
Start **старт** ßtart
stattfinden **состоя́ться** ßaßtajátza
Stau **про́бка** própka
Staub **пыль** *f* pylj
Steckdose **розе́тка** rasjétka
Stecker **ште́псель** *m* schtäpßil
stehen **стоя́ть** ßtajátj
stehlen **красть/укра́сть** kraßtj/ukráßtj
steil **круто́й** krutój
Stein **ка́мень** *m* kámin
stellen **ста́вить/поста́вить** ßtáwitj/paßtáwitj
Stempel **печа́ть** *f* pitschátj
sterben **умира́ть/умере́ть** umirátj/umirétj
Stern **звезда́** swisdá
Stich **уку́с** ukúß
Stift **каранда́ш** karandásch
still **ти́хий** tíchij
Stimme **го́лос** gólaß
Stockwerk **эта́ж** ätásch
Stoff **материа́л** matirjál
Stöpsel **про́бка** própka
stören **меша́ть/помеша́ть** mischátj/pamischátj
Strafe **штраф** schtraf
Strand **пляж** pljasch
Straße **у́лица** úlitza
Straßenbahn **трамва́й** tramwáj
Streichhölzer **спи́чки** ßpítschki
sich streiten **руга́ться с** *(+ Instr)* rugátza ß
streng **стро́гий** ßtrógij
Strom *(elektrisch)* **ток** tok
Studentenausweis **студе́нческий биле́т** ßtudjéntschißkij biljét
studieren **учи́ться в ву́зе** utschítza w-wúsi
Stuhl **стул** ßtul
Stunde **час** tschaß
Sturm **шторм** schtorm
suchen **иска́ть** ißkátj
Süden **юг** juk
Summe **су́мма** ßúma

T

Tag **день** *m* djen
täglich **ежедне́вно** jeschidnjéwna
Tante **тётя** tjótja
Tanz **та́нец** tánitz
tanzen **танцева́ть** tantzywátj
Tasche *(Handtasche)* **су́мка** ßúmka; *(Hosentasche)* **карма́н** karmán

Taschenlampe **карма́нный фона́рик** karmányj fanárik
Taschenmesser **складно́й нож** ßkladnój nosch
Tasse **ча́шка** tscháschka
Tatsache **факт** fakt
Technik **те́хника** téchnika
teilnehmen (an) **принима́ть/приня́ть уча́стие в** *(+ Präp)* prinimátj/prinjátj utscháßtije w
Telefon **телефо́н** tilifón
telefonieren **звони́ть по телефо́ну** swanítj pa tilifónu
Teller **таре́лка** tarjélka
Termin *(Frist)* **срок** ßrok
teuer **дорого́й** daragój
Theater **теа́тр** tiátr
Thermosflasche® **те́рмос** térmaß
Ticket **биле́т** biljét
tief **глубо́кий** glubókij
Tier **живо́тное** schywótnaje
Tisch **стол** ßtol
Tochter **дочь** *f* dotsch
Toilette **туале́т** tualét
Toilettenpapier **туале́тная бума́га** tualétnaja bumága
toll **шика́рно** *Adv* schikárna
Topf **кастрю́ля** kaßtrjúlja
Tor *(Hof)* **воро́та** *pl* waróta; *(Sport)* **гол** gol
Tourist, -in **тури́ст** *m/f* turíßt
Tradition **тради́ция** tradítzyja
tragen **носи́ть/нести́** naßítj/neßtí
Tragetasche **су́мка** ßúmka
Traum **сон** ßon
traurig **гру́стный** grúßnyj
sich treffen **встреча́ться/встре́титься** fßtritschátza/fßtrétitza
Treppe **ле́стница** ljéßnitza
treten **ступа́ть/ступи́ть** ßtupátj/ßtupítj
trinken **пить/вы́пить** pitj
Trinkgeld **чаевы́е** *Pl* tschijiwýje
Trinkwasser **питьева́я вода́** pitj-jiwája wadá
trocken **сухо́й** ßuchój
tropfen **ка́пать/зака́пать** kápatj/sakápatj
Tube **тю́бик** tjúbik
tun **де́лать/сде́лать** délatj/sdélatj
Tür **дверь** *f* dwer
Turm **ба́шня** báschnja
Tüte **паке́т** pakjét

U

üben **упражня́ться в** *(+ Präp)* upraschnjátza w
übermorgen **послеза́втра** poßlisáftra
Überraschung **сюрпри́з** ßjurpríß

übersetzen переводи́ть/ перевести́ piriwadítj/ piriwißtí
üblich обы́чный abýtschnyj
übrig остально́й aßtalnój
Ufer бе́рег bérik
Uhr часы́ *pl* tschißý; **Wie viel ~ ist es?** Кото́рый час? katóryj tschaß?
Umschlag конве́рт kanwért
umsonst *(gratis)* да́ром dáram; *(vergeblich)* напра́сно
umsteigen переса́живаться/ пересе́сть pirißáschywatza/ pirißéßtj
umtauschen обме́нивать/ обменя́ть abméniwatj/ abminjátj
Umweg объе́зд abjéßt
unbekannt неизве́стный ni-iswjéßnyj
unbequem неудо́бный niudóbnyj
und и i
Unfall ава́рия awárija
unfreundlich недружелю́бный nidruschiljúbnyj
ungefähr приблизи́тельно *Adv* priblisítilna
Unglück несча́стье nischáßtje
ungültig недействи́тельный nidijßtwítilnyj
Universität университе́т uniwirßitjét
unmöglich невозмо́жный niwasmóschnyj
unnötig нену́жный ninúschnyj
unsicher неуве́ренный niuwérinyj
unten внизу́ wnisú
unter под *(+ Instr)* pat
unterbrechen прерыва́ть/ прерва́ть prirywátj/ prirwátj
Unterricht *(Stunde)* заня́тие sanjátije
Unterschrift по́дпись *f* pótpiß
unterwegs в пути́ fpútí
Urlaub о́тпуск ótpußk
Ursache причи́на pritschína
Urteil реше́ние rischénije

V

Vater оте́ц atjétz
Verabredung договорённость *f* dagawarjónaßtj
sich verabschieden проща́ться/прости́ться с *(+ Instr)* praschátza/praßtítza ß
Veränderung измене́ние isminénije
Verbandkasten апте́чка aptétschka
verboten запрещено́ saprischinó
verbrauchen потребля́ть/ потреби́ть patribljátj/ patribítj

Verdacht **подозре́ние** padasrénije
verdienen **зараба́тывать/зарабо́тать** sarabátywatj/sarabótatj
verdorben *(Lebensmittel)* **испо́рченный** ißpórtschinyj
Vereinbarung **соглаше́ние** ßaglaschénije
vergessen **забыва́ть/забы́ть** sabywátj/sabýtj
vergleichen **сра́внивать/сравни́ть** ßráwniwatj/ßrawnítj
Vergnügen **удово́льствие** udawólßtwije
Verhältnis **отноше́ние** atnaschénije
verkaufen **продава́ть/прода́ть** pradawátj/pradátj
Verkäufer **продаве́ц** *m* pradawjétz; **~in** **продавщи́ца** *f* pradawschítza
Verkehr **движе́ние** dwischénije
sich verlaufen **заблуди́ться** sabludítza
sich verletzen **пора́ниться** paránitza
sich verlieben **влюбля́ться/влюби́ться** wljubljátza/wljubítza
Verlust **поте́ря** patérja
vermieten **сдава́ть/сдать** sdawátj/sdatj
vermissen **скуча́ть по** *(+ Dat)* ßkutschátj pa
Verpackung **упако́вка** upakófka
verrückt **сумасше́дший** ßumaschétschij
verschieden **ра́зный** rásnyj
Versicherung **страхо́вка** ßtrachófka
Versicherungspolice **страхово́й по́лис** ßtrachawój pólіß
Verspätung **опозда́ние** apasdánije
Versprechen **обеща́ние** abischánije
verstecken **пря́тать/спря́тать** prjátatj/ßprjátatj
verstehen **понима́ть/поня́ть** panimátj/panjátj
versuchen **пыта́ться/попыта́ться** pytátza/papytátza
Vertrag **догово́р** dagawór
Verzeihung! **Извини́те!** iswiníti!
viel **мно́го** mnóga
vielleicht **мо́жет быть** móschyt bytj
Visitenkarte **визи́тная ка́рточка** wisítnaja kártatschka
Vogel **пти́ца** ptítza

Volk **наро́д** narót
voll **по́лный** pólnyj
volljährig **совершенноле́тний** ßawirschenaljétnij
von **от** *(+ Gen)* at
vor *(örtlich)* **пе́ред** *(+ Instr)* périt
im Voraus **зара́нее** saránije
Vorführung **представле́ние** pritßtawlénije
vorgestern **позавчера́** pasaftschirá
vorhaben **намерева́ться** namiriwátza
vorher **ра́ньше** ránschi
vorläufig **предвари́тельный** pridwarítilnyj
Vormittag **пе́рвая полови́на дня** pérwaja palawína dnja
Vorname **и́мя** ímja
vorne **впереди́** fpiridí
Vorort **при́город** prígarat
Vorschlag **предложе́ние** pridlaschénije
Vorschrift **предпиcа́ние** pritpißánije
vorsichtig **осторо́жный** aßtaróschnyj
vorstellen **представля́ть/предста́вить** pritßtawljátj/pritßtáwitj

W

Waage **весы́** *Pl* wißý
wachsen **расти́/вы́расти** raßtí/wýraßti
wählen **выбира́ть/вы́брать** wybirátj/wýbratj
wahr **и́стинный** íßtinyj
während **во вре́мя** *(+ Gen)* wawrémja
Wahrheit **пра́вда** práwda
wahrscheinlich **вероя́тный** wirajátnyj
Wald **лес** ljeß
Wand **стена́** ßtiná
wann **когда́** kagdá
warm **тепло́** *Adv* tipló
Warnung **предупрежде́ние** priduprischdénije
warten **ждать/подожда́ть** *(+ Akk)* schdatj/padaschdátj
warum **почему́** patschimú
was **что** schto
Wäsche **бельё** biljó
waschen *(Wäsche)* **стира́ть/постира́ть** ßtirátj/paßtirátj
Wasser **вода́** wadá
Wecker **буди́льник** budílnik
weder … noch **ни … ни** ni … ni
wegen **из-за** *(+ Gen)* is-sa
weggehen **уходи́ть/уйти́** uchadítj/ujtí
weh tun **боле́ть** balétj; **mir tut weh** **у меня́ боли́т** u minjá balít
weich **мя́гкий** mjáchkij
weil **потому́ что** patamúschta

weinen плáкать/заплáкать plákatj/saplákatj
weit далекó *Adv* dalikó
welcher какóй kakój
Welt мир mir
wenig мáло mála; **ein ~** немнóго nimnóga
wenigstens по крáйней мéре pa krájnij méri
wer кто kto
Werbung реклáма rikláma
werfen бросáть/брóсить braßátj/bróßitj
Werk завóд sawót
Werkstatt (авто)мастерскáя (afta)maßtirßkája
Wert цéнность *f* tzänaßtj
wertlos не имéющий цéнности ni iméjuschij tzänaßti
Wertsachen цéнные вéщи tzänyji wéschi
wertvoll цéнный tzänyj
weshalb почемý patschimú
Westen зáпад sápat
Wetter погóда pagóda
wichtig вáжный wáschnyj
wickeln *(Baby)* пеленáть/запеленáть pilinátj/sapilinátj
wie как kak
Wie bitte? Извинúте? iswiníti?
wie viel скóлько *(+ Gen)* ßkólka
wieder снóва ßnówa
wiedersehen снóва увúдеться ßnówa uwíditza; **Auf Wiedersehen!** До свидáния! da ßwidánja!
Wirkung дéйствие déjßtwije
wischen вытирáть/вы́тереть wytirátj/wýtiritj
wissen знать snatj
Witz шýтка schútka
witzig остроýмный aßtra-úmnyj
wo где gdje
Woche недéля nidélja
Wochenende выходны́е *Pl* wychadnýje
woher откýда atkúda
wohin кудá kudá
wohnen жить schytj
Wohnort мéсто жúтельства mjéßta schýtilßtwa
Wohnung квартúра kwartíra
Wolke óблако óblaka
wollen хотéть/захотéть chatjétj/sachatjétj
Wort слóво ßlówa
Wörterbuch словáрь *m* ßlawár
Wunder чýдо tschúda
wundervoll чудéсный tschudéßnyj
wünschen желáть/пожелáть schylátj/paschylátj
wütend бéшеный béschynyj

Z

Zahl **цифра** tzýfra; *(Anzahl)* **число́** tschißló
zahlen **плати́ть/заплати́ть** platítj/saplatítj
zählen **счита́ть/посчита́ть** schitátj/paschitátj
Zeichen **знак** snak
zeigen **пока́зывать/показа́ть** pakásywatj/pakasátj
Zeit **вре́мя** wrémja; **von ~ zu ~** **вре́мя от вре́мени** wrjémja at wrjémeni
Zeitung **газе́та** gaséta
zerbrechlich **бьющийся** bjúschijßja
zerstören **разруша́ть/разру́шить** rasruschátj/rasrúschitj
Zertifikat **сертифика́т** ßirtifikát
Zettel **листо́к** lißtók
Zeuge/Zeugin **свиде́тель** *m*, **свиде́тельница** *f* ßwidétil, ßwidétiljnitza
ziehen **тяну́ть/потяну́ть** tinútj/patinútj
Ziel **цель** *f* tzäl
ziemlich **дово́льно** dawólna
Zigarre **сига́ра** ßigára
Zigarrette **сигаре́та** ßigaréta
Zimmer **ко́мната** kómnata; *(Hotel)* **но́мер** nómir
zuerst **сперва́** ßpirwá
zufrieden **дово́льный** dawólnyj
Zugang **до́ступ** dóßtup
zuhören **слу́шать/послу́шать** ßlúschatj/paßlúschatj
Zukunft **бу́дущее** búduschije
zuletzt **напосле́док** napaßlédak
zumachen **закрыва́ть/закры́ть** sakrywátj/sakrýtj
zurück **наза́д** nasát
zurückbringen **приноси́ть/принести́ обра́тно** prinaßítj/prinißtí abrátna
zurückkommen **возвраща́ться/верну́ться** waswraschátza/wirnútza
zusammen **вме́сте** wméßti
Zusammenstoß **столкнове́ние** ßtalknawénije
Zusatz **доба́вка** dabáfka
zuschauen **смотре́ть/посмотре́ть** ßmatrétj/paßmatrétj
zuständig **отве́тственный** atwjétßtwinyj
zuverlässig **надёжный** nadjóschnyj
Zweck **цель** *f* tzäl
Zweifel **сомне́ние** ßamnénije
zwischen **ме́жду** *(+ Instr)* mjéschdu

Russisch – Deutsch

A

абрикóс abrikóß **Aprikose**
авáрия awárija **Unfall**
áвгуст áwgußt **August**
Áвстрия áfßtrija **Österreich**
автóбус aftóbuß **Bus**
автовокзáл aftawaksál **Busbahnhof**
автодóм aftadóm **Wohnwagen**
автомагистрáль *f* aftamagißtrál **Autobahn**
автоматúческая кáмера хранéния aftamatítschißkaja kámira chranénija **Schließfach**
автомобúльный навигáтор aftamabílnyj nawigátar **Navigationssystem**
автомобúльный парóм aftamabílnyj paróm **Autofähre**
автостоя́нка aftaßtajánka **Parkplatz**
автостоя́нка с ресторáном на автотрáссе aftaßtajánka ßrißtaránam na aftatráße **Raststätte**
адáптер adáptär **Adapter**
администрáция (гостúницы) adminißtrátzija (gaßtínitzy) **Rezeption**
áдрес ádriß **Adresse**
áист á-ißt **Storch**
аккумуля́тор akumulátar **Batterie** *(aufladbar);* **Akku**
актёр aktjór **Schauspieler**
актрúса aktríßa **Schauspielerin**
акцéнт aktzént **Akzent**
алкогóль *m* alkagól **Alkohol**
аллергúческий alirgítschißkij **allergisch**
аллергúческий ринúт alirgítschißkij rinít **Heuschnupfen**
аллергúя alirgíja **Allergie**
ананáс ananáß **Ananas**
антиквáрный antikwárnyj **antik**
антрáкт antrákt **Pause** *(Theater)*
апельсúн apilßín **Orange**
апрéль *m* aprél **April**
аптéка aptéka **Apotheke**
аптéчка aptétschka **Verbandskasten**
арáхис *sg* aráchiß **Erdnüsse**
арбýз arbúß **Wassermelone**
арендовáть arendawátj **mieten**
арестóвывать/арестовáть arißtówywatj/arißtowátj **verhaften**

аэрозо́ль от насеко́мых *m* ayrasól at naßikómych **Insektenspray**
аэропо́рт a-äräpórt **Flughafen**

Б

ба́бочка bábatschka **Schmetterling**
ба́бушка bábuschka **Großmutter**
ба́бушка и де́душка bábuschka i déduschka **Großeltern**
бага́ж bagásch **Gepäck**
бага́жник bagáschnik **Gepäckträger; Kofferraum**
бадминто́н badmintón **Badminton**
базили́к basilík **Basilikum**
байда́рка baidárka **Kajak**
баклажа́н baklaschán **Aubergine**
балала́йка balalájka **Balalaika**
бале́т balét **Ballett**
бана́н banán **Banane**
банк bank **Bank** *(Geldinstitut)*
банкома́т bankamát **Geldautomat**
бар bar **Bar; Kneipe**
бара́нина baránina **Lammfleisch**
баскетбо́л baßkitból **Basketball**
бассе́йн baßéjn **Schwimmbad**
батаре́йка bataréjka **Batterie**
ба́шня báschnja **Turm**
бе́гать/бежа́ть bégatj/bischátj **laufen**
бе́гать трусцо́й bégatj trußtzój **joggen**
бе́дный bédnyj **arm**
бе́жевый béschiwyj **beige**
без *(+Gen)* bes **ohne**
безалкого́льный bisalkagólnyj **alkoholfrei**
безглюте́новый bisgluténowyj **glutenfrei**
без (содержа́ния) кофеина biß (ßadirschánija) kafi-ína **koffeinfrei**
без лакто́зы bis laktósy **laktosefrei**
безопа́сность *f* bisapáßnaßtj **Sicherheit**
безрабо́тный bisrabótnyj **arbeitslos**
без ступе́нек biß-ßtupénik **stufenlos**
бе́лое вино́ bélaje winó **Weißwein**
бе́лый bélyj **weiß**
бельё biljó **Wäsche**
бензи́н binsín **Benzin**
бе́рег bérik **Ufer**
бере́менная biréminaja **schwanger**
беспла́тно *adv* bißplátna **gratis**
беспла́тный bißplátnyj **kostenlos**

бессмы́сленный biß-ßmýßlinyj **sinnlos**
бизнес-ла́нч bisnyslántsch **Menü**
бики́ни bikíni **Bikini**
биле́т biljét **Fahrkarte; Ticket**
бино́кль binókl **Fernglas**
биологи́ческий bialagítschißkij **biologisch**
бирюзо́вый birjusówyj **türkis**
блоши́ный ры́нок blaschínyj rýnak **Flohmarkt**
блу́зка blúßka **Bluse**
блю́до blúda **Gang; Gericht** *(Essen)*
бога́тый bagátyj **reich**
богослуже́ние bagaßluschénije **Gottesdienst**
бо́дрствующий bódrßtwujuschij **wach**
бока́л bakál **Becher; Weinglas**
боле́знь *f* balésn **Krankheit**
болеутоля́ющее сре́дство bóli-utalájuschije ßrétßtwa **Schmerzmittel**
боль *f* bol **Schmerz**
больни́ца balnítsa **Krankenhaus**
больно́й balnój **krank**
бо́льше bólschy **mehr**
большо́й balschój **groß**
борода́ baradá **Bart**
брасле́т braßlét **Armband**
брат brat **Bruder**
брать/взять bratj/wsjatj **nehmen**
брать/взять напрока́т bratj/wsjatj naprakát **leihen; ausleihen**
бра́тья и сёстры brátja i ßjóßtry **Geschwister**
брони́ровать/заброни́ровать branírawatj/sabranírawatj **buchen**
брю́ки *pl* brjúki **Hose**
буди́льник budílnik **Wecker**
буди́ть/разбуди́ть budítj/rasbudítj **wecken**
бу́дущее búduschije **Zukunft**
буксиро́вочная маши́на bukßirówatschnaja maschýna **Abschleppwagen**
бу́лочка búlatschka **Brötchen**
бу́лочная búlatschnaja **Bäckerei**
бума́га bumága **Papier**
буты́лка butýlka **Flasche**
бы́стрый býßtryj **schnell**
быть bytj **sein** *(existieren)*
быть голо́дным bytj galódnym **hungrig sein**
быть сы́тым bytj ßýtym **satt sein**
бью́щийся bjúschijßja **zerbrechlich**
бюро bjuró **Büro**
бюро́ нахо́док bjuró nachódak **Fundbüro**

бюро́ обслу́живания тури́стов bjuró apßlúschiwanija turíßtaf **Fremdenverkehrsamt**
бюро́ путеше́ствий bjuró putischéßtwij **Reisebüro**
бюстга́льтер bjusgáltär **BH**

В

в *(wohin?+Akk/wo?+Präp)* w **in; nach; um** *(zeitl)*
ваго́н wagón **Waggon**
ваго́н-рестора́н wagón-rißtarán **Speisewagen**
ва́жный wáschnyj **wichtig**
валю́та waljúta **Währung**
ва́нна wána **Badewanne**
ва́нная wánaja **Bad**
ва́та wáta **Watte**
вдруг wdruk **plötzlich**
вега́н wegán **Veganer**
вега́нка wegánka **Veganerin**
ве́га́нский wégánßkij **vegan**
вегетариа́нец wigitariánitz **Vegetarier**
вегетариа́нский wigitariánßkij **vegetarisch**
ведро́ widró **Eimer**
ве́жливый wéschliwyj **höflich**
век wek **Jahrhundert**
велосипе́д wilaßipét **Fahrrad**
велосипе́дная доро́жка wilaßipédnaja daróschka **Radweg**
ве́ник wénik **Besen**
вентиля́тор wintilátar **Ventilator**
верёвка для белья́ wirjófka dlja biljá **Wäscheleine**
ве́рить/пове́рить wéritj/pawéritj **glauben**
верши́на wirschína **Gipfel**
вес weß **Gewicht**
весёлый wißjólyj **lustig**
весна́ wißná **Frühling**
ве́тер wétir **Wind**
ветерина́р witirinár **Tierarzt**
ве́чер wétschir **Abend**
ве́чером wétschiram **abends**
ве́шалка wéschylka **Kleiderbügel**
взволно́ванный wswalnówanyj **aufgeregt**
взро́слый wsróßlyj **Erwachsener**
вид wit **Art; Aussicht; Sicht**
ви́деть/уви́деть widítj/uwíditj **sehen**
ви́деть/уви́деть во сне wíditj/uwíditj waßné **träumen**
ви́за wísa **Visum**
ви́лка wílka **Gabel**
вино́ winó **Wein**
виногра́д *sg* winagrát **Weintrauben**
ви́рус wíruß **Virus**
витри́на witrína **Schaufenster**
ви́шня *sg* wíschnja **Kirschen**

включáть/включúть fkljutschátj/fkljutschítj **einschalten**
включáя fkljutschája **inklusive**
включенó *adv* fklutschinó **inbegriffen**
вкус fkuß **Geschmack**
вкýсный fkúßnyj **lecker**
влáжный wláschnyj **feucht**
вмéсте wméßti **gemeinsam; zusammen**
вмéсто wméßta **anstatt; statt**
внизý wnisú **unten**
внутрú wnutrí **drinnen**
в óбщей слóжности wópschej ßlóschnaßti **insgesamt**
во врéмя *(+Gen)* wawrémja **während**
вóвремя *adv* wówrimja **rechtzeitig**
водá wadá **Wasser**
водúтель *m* wadítil **Fahrer**
водúтельские правá *pl* wadítilßkije prawá **Führerschein**
водúть wadítj **fahren** *(Auto steuern)*
вóдное пóло wódnaje póla **Wasserball**
вóдные лыжи wódnyje lýschy **Wasserski**
вóдный велосипéд wódny wilaßipjét **Tretboot**
водопáд wadapát **Wasserfall**
водопровóдный кран wadaprawódny kran **Wasserhahn**
возвращáть/вернýть waswraschátj/wirnútj **zurückgeben**
возвращáться/вернýться waswraschátza/wirnútza **zurückkommen**
вóздух wósduch **Luft**
воздýшный насóс wasdúschnyj naßóß **Luftpumpe**
возмещáть/возместúть wasmischátj/wasmißtítj **erstatten**
возмóжно *adv* wasmóschna **möglich**
возмóжность *f* wasmóschnaßtj **Möglichkeit**
вóзраст wósraßt **Alter**
вокзáл wagsál **Bahnhof**
волк wolk **Wolf**
волнá walná **Welle**
вóлосы *pl* wólaßy **Haar**
вонять wanjátj **stinken**
вопрóс wapróß **Frage**
воскресéнье waßkrißénje **Sonntag**
воспалéние waßpalénije **Entzündung**
востóк waßtók **Osten**
восхóд сóлнца waßchót ßóntza **Sonnenaufgang**

в по́лдень fpóldin **mittags**
в преде́лах *(+Gen)* fpridélach **innerhalb**
в пути́ fpútí **unterwegs**
врач wratsch **Arzt**
(же́нщина-)врач (schénschina-) wratsch **Ärztin**
врач ско́рой по́мощи wratsch ßkóraj pómaschi **Notarzt**
вред wret **Schaden**
вре́мя wrémja **Zeit**
все fße **alle**
все биле́ты про́даны fße bilèty pródany **ausverkauft** *(Theater usw.)*
всё fßjo **alles**
всегда́ fßigdá **immer**
вспомина́ть/вспо́мнить fßpaminátj/fßpómnitj **erinnern**
встава́ть/встать fßtawátj/fßtatj **aufstehen**
встреча́ть/встре́тить fßtritschát/fßtrétit **abholen** *(jemanden)*
встреча́ться/встре́титься fßtritschátza/fßtrétitza **sich treffen**
втора́я полови́на дня ftarája palawína dnja **Nachmittag**
вто́рник ftórnik **Dienstag**
вход fchot **Eingang; Eintritt**
входи́ть/войти́ fchadítj/wajtí **einsteigen**
входно́й биле́т wchadnój bilét **Eintrittskarte**
вчера́ ftschirá **gestern**
вы wy **ihr** *(Personalpronomen)*
Вы wy **Sie** *(Höflichkeitsform)*
выбира́ть/вы́брать wybirátj/wýbratj **(aus)wählen**
выи́грывать/вы́играть wy-ígrywatj/wý-igratj **gewinnen**
вы́лет wýlit **Abflug**
вы́печка wýpitschka **Gebäck**
высо́кий wyßókij **hoch**
высота́ wyßatá **Höhe**
вы́ставка wýßtafka **Ausstellung**
вы́ход wýchat **Ausgang**
выходи́ть/вы́йти wychadítj/wýjti **ausgehen; aussteigen**
выходи́ть/вы́йти за́муж wychadítj/wýjti sámusch **heiraten** *(Frau)*
выходно́й день *m* wychadnój denj **Feiertag**
выходны́е *pl* wychadnýje **Wochenende**

Г

газе́та gaséta **Zeitung**
га́зовый при́мус gásawyj prímuß **Gaskocher**
га́лстук gálßtuk **Krawatte**
гандбо́л gantból **Handball**
гара́ж garásch **Parkhaus; Garage**
гара́нтия garántija **Garantie**

гардеро́б gardiróp **Garderobe**
гарни́р garnír **Beilage**
гвоздь *m* gwoßtj **Nagel** *(Metallstift)*
где gdje **wo**
гель *m* gel **Gel**
гель для ду́ша *m* gel dlja dúscha **Duschgel**
Герма́ния girmánija **Deutschland**
гла́вное блю́до gláwnaje blúda **Hauptgericht**
гла́дкий glátkij **glatt**
глаз glaß **Auge**
гла́нды glándy **Mandeln**
глубо́кий glubókij **tief**
глу́пый glúpyj **dumm**
глухо́й gluchój **taub**
говори́ть/сказа́ть gawarítj/ßkasátj **sagen**
говори́ть/поговори́ть gawarítj/pagawarítj **reden; sprechen**
говя́дина gawjádina **Rindfleisch**
год got **Jahr**
голова́ galawá **Kopf**
го́лод gólat **Hunger**
го́лос gólaß **Stimme**
го́лый gólyj **nackt**
гольф golf **Golf**
гора́ gará **Berg**
го́рдый górdyj **stolz**
горе́ть/сгоре́ть garétj/sgarétj **brennen**
го́рный прию́т górnyj prijút **Schutzhütte**
го́род górat **Stadt**
горчи́ца gartschítza **Senf**
го́ры *pl* góry **Gebirge**
горя́чий garjátschij **heiß**
господи́н gaßpadín **Herr** *(Anrede)*
госпожа́ gaßpaschá **Frau** *(Anrede)*
гость *m* goßtj **Gast**
гото́вый gatówyj **bereit; fertig**
град grat **Hagel**
гра́дус gráduß **Grad**
гражда́нство graschdánßtwa **Staatsangehörigkeit**
грани́ца granítza **Grenze**
грибы́ gribý **Pilze**
гром grom **Donner**
гро́мко *adv* grómka **laut**
грудь *f* grutj **Brust**
гру́ппа grúpa **Gruppe**
гру́стный grúßnyj **traurig**
гру́ша grúscha **Birne**
гря́зный grjásnyj **schmutzig**

Д

да da **ja**
дава́ть/дать dawátj/datj **geben**
да́же dáschy **sogar**
далеко́ *adv* dalikó **weit**
да́ма dáma **Dame**
дари́ть/подари́ть darítj/padarítj **schenken**

да́ром dáram **umsonst** *(gratis)*
да́та dáta **Datum**
да́та рожде́ния dáta raschdénija **Geburtsdatum**
дверь *f* dwer **Tür**
дви́гать/подви́нуть dwígatj/padwínutj **schieben**
движе́ние dwischénije **Verkehr**
дво́рник dwórnik **Scheibenwischer; Hausmeister**
двухме́стный но́мер dwuchméßnyj nómir **Doppelzimmer**
двухспа́льная крова́ть *f* dwuchßpálnaja krawátj **Doppelbett**
дебето́вая ка́рта dibitówaja kárta **EC-Karte®**
де́вочка déwatschka *(kleines)* **Mädchen**
де́душка déduschka **Großvater**
дезинфици́рующее сре́дство disynfitzýrujuschije ßrétßtwa **Desinfektionsmittel**
дезодора́нт disadaránt **Deo**
действи́тельный dijßtwítilnyj **gültig**
дека́брь *m* dikábrj **Dezember**
де́лать/сде́лать délatj/sdélatj **machen; tun**
день *m* djen **Tag**
день рожде́ния *m* djen raschdénija **Geburtstag**
де́ньги *pl* djéngi **Geld**
дере́вня diréwnja **Dorf**
де́рево dériwa **Baum; Holz**
держа́ть dirschátj **halten**
десе́рт dißjért **Nachtisch**
де́тская крова́тка djétzkaja krawátka **Kinderbett**
де́тская площа́дка djétzkaja plaschátka **Spielplatz**
де́тский врач djétzkij wratsch **Kinderarzt**
де́тское автокре́сло djétzkaje aftakréßla **Kindersitz**
дефе́ктный diféktnyj **defekt**
дёшево *adv* djóschiwa **billig**
джаку́зи dschakúsi **Whirlpool®**
дигита́льная ка́мера digitálnaja kámira **Digitalkamera**
дие́та dijéta **Diät**
длина́ dliná **Länge**
дли́нный dlínyj **lang**
для *(+Gen)* dlja **für**
до *(+Gen)* da **bis**
дово́льный dawólnyj **zufrieden**
догово́р dagawór **Vertrag**
договорённость (о встре́че) *f* dagawarjónaßtj (a fßtrétschi) **Verabredung**
дождли́вый daschdlíwyj **regnerisch**
до́ждь dóschtj **Regen**
докуме́нты dakuménty **Papiere**
докуме́нты на маши́ну dakuménty na maschýnu **Fahrzeugpapiere**

до́лина dalína **Tal**
дом dom **Haus**
дом под ключ dom pat kljutsch **Ferienhaus**
дома́шнее живо́тное damáschnije schywótnaje **Haustier**
дома́шняя пти́ца damáschnija ptítza **Geflügel**
домкра́т damkrát **Wagenheber**
домохозя́йка damachasjájka **Hausfrau**
допла́та dapláta **Zuschlag**
дополни́тельный dapalnítilnyj **zusätzlich**
допусти́мый dapustímyj **zulässig**
доро́га daróga **Weg; Straße**
доро́га с односторо́нним движе́нием daróga ßadnaßtarónim dwischénijem **Einbahnstraße**
дорого́й daragój **teuer**
доро́жная су́мка daróschnaja ßúmka **Reisetasche**
доро́жный указа́тель *m* daróschnyj ukasátil **Wegweiser**
доста́точно *adv* daßtátatschna **genug**
достопримеча́тельности daßtaprimitschátilnaßti **Sehenswürdigkeiten**
дочь *f* dotsch **Tochter**
друг druk **Freund**
ду́мать/поду́мать dúmatj/padúmatj **denken**
духи́ *pl* duchí **Parfüm**
душ dusch **Dusche**
ду́шный dúschnyj **schwül**
дым dym **Rauch**
дыра́ dyrá **Loch**
дыха́тельная тру́бка dychátilnaja trúpka **Schnorchel**
дя́дя djádja **Onkel**

Е

евре́йский iudéjskij **jüdisch**
е́вро *m* jéwra **Euro**
его́ jiwó **sein** *(besitzanzeigend)*
еда́ jidá **Essen**
ежедне́вно jeschidnjéwna **täglich**
е́здить верхо́м jésditj wirchóm **reiten**
есте́ственный jeßtéßtwinyj **natürlich**
есть/пое́сть jeßtj/pajéßtj **essen**
е́хать/е́здить jéchatj/jésditj **fahren**
ещё jischó **noch**

Ж

жа́жда schäschda **Durst**
жа́ловаться/пожа́ловаться schálawatza/paschálawatza **sich beschweren**

жар schar **Fieber**
жара́ schará **Hitze**
жда́ть/подожда́ть *(+Akk)* schdatj/padaschdátj **warten (auf)**
жёлтый schóltyj **gelb**
жена́ schyná **Ehefrau**
же́нщина-врач schénschina-wratsch **Ärztin**
жена́т *m* schynát **verheiratet**
жени́ться/пожени́ться schinítza/paschinítza **heiraten** *(Mann)*
же́нский schénßkij **weiblich**
же́нщина schénschina **Frau**
живо́тное schywótnaje **Tier**
жило́й прице́п schylój pritzép **Wohnmobil**
жи́рный schýrnyj **fett**
жить schytj **leben; wohnen**

З

за *(+Instr)* sa **hinter**
забасто́вка sabaßtófka **Streik**
забира́ть/забра́ть sabirátj/sabrátj **abholen** *(etwas)*
забыва́ть/забы́ть sabywátj/sabýtj **vergessen**
за́втра sáftra **morgen**
за́втрак sáftrak **Frühstück**
за́втракать sáftrakatj **frühstücken**
загрязнён sagrisnjón **verschmutzt**
зажига́лка saschygálka **Feuerzeug**
зака́з sakáß **Bestellung; Reservierung**
зака́зан sakásan **reserviert**
зака́зывать/заказа́ть sakásywatj/sakasátj **bestellen; reservieren**
зака́т sakát **Dämmerung** *(abends)*
зако́н sakón **Gesetz**
закрыва́ть/закры́ть sakrywátj/sakrýtj **schließen**
закры́т sakrýt **geschlossen**
заку́ска sakúßka **Vorspeise**
зало́г salók **Kaution**
замеча́ть/заме́тить samitschátj/samétitj **merken**
за́мок sámak **Schloss** *(Gebäude)*
замо́к samók **Schloss** *(Verschluss)*
за́мужем *f* sámuschym **verheiratet**
за́нято *adv* sánita **besetzt**
за́пад sápat **Westen**
запасно́е колесо́ sapaßnóje kalißó **Reservereifen**
запа́сный вы́ход sapáßnyj wýchat **Notausgang**
за́пах sápach **Geruch**
запи́сывать/записа́ть sapíßywatj/sapißátj **aufschreiben**

заплати́ть вме́сте saplatítj wméßti **zusammen bezahlen**
заплати́ть разде́льно saplatítj rasdélna **getrennt bezahlen**
запове́дник sapawjédnik **Naturschutzgebiet**
заполня́ть/запо́лнить sapalnjátj/sapólnitj **ausfüllen** *(Formular)*
заправля́ться/запра́виться saprawlátsa/sapráwitsa **tanken**
запра́вочная ста́нция sapráwatschnaja ßtántzyja **Tankstelle**
за преде́лами sapridélami **außerhalb**
запрещено́ saprischinó **verboten**
запча́сть *f* saptschäßtj **Ersatzteil**
зараба́тывать/зарабо́тать sarabátywatj/sarabótatj **verdienen**
зара́нее saránije **im Voraus**
заряжа́ть/заряди́ть sarischátj/sariditj **aufladen**
заря́дное устро́йство sarjádnaje ußtróißtwa **Ladegerät**
зате́м satém **danach**
затра́ты satráty **Unkosten**
захо́д со́лнца sachót ßóntza **Sonnenuntergang**
защи́та от комаро́в saschíta at kamaróf **Mückenschutz**
звать swatj **rufen; heißen**
звезда́ swisdá **Stern**
звони́ть/позвони́ть *(+Dat)* swanítj/paswanítj **anrufen; klingeln**
звони́ть по телефо́ну swanítj pa tilifónu **telefonieren**
звоно́к swanók **Klingel**
зда́ние sdánije **Gebäude**
здесь sdjeß **hier**
здоро́вый sdarówyj **gesund**
зе́лень *f/sg* sélin **Kräuter**
зелёный siljónyj **grün**
землетрясе́ние simlitrißénije **Erdbeben**
земля́ simljá **Erde; Boden**
зе́ркало sérkala **Spiegel**
зерка́льная ка́мера sirkálnaja kámira **Spiegelreflexkamera**
зима́ simá **Winter**
знак авари́йной остано́вки snak awarínaj aßtanófki **Warndreieck**
знако́мый snakómyj **Bekannter; bekannt**
знамени́тый snaminítyj **berühmt**
знать snatj **kennen; wissen**
зо́лото sólata **Gold**
зонт sont **Regenschirm**
зоопа́рк sa-apárk **Zoo**
зуб sup **Zahn**

зубная щётка subnája schjótka **Zahnbürste**
зубной врач subnój wratsch **Zahnarzt**

И

и i **und**
иголка igólka **Nadel**
игра igrá **Spiel**
игральные карты igrálnyje kárty **Spielkarten**
игрушка igrúschka **Spielzeug**
идея idéja **Idee**
идти/ходить ití/chadítj **gehen**
или íli **oder**
иметь imétj **haben**
имя ímja **Name; Vorname**
имя пользователя ímja pólsawatila **Benutzername**
инвалидная коляска inwalídnaja kaljáßka **Rollstuhl**
иногда *adv* inagdá **manchmal**
инструменты *pl* inßtruménty **Werkzeug**
интересный intiréßnyj **interessant**
интернациональный internatzianálnyj **international**
Интернет internét **Internet**
инфекция inféktzyja **Infektion**
информация infarmátziya **Information**
искать ißkátj **suchen**
исключение ißklutschénije **Ausnahme**
искусство ißkúßtwa **Kunst**
история ißtórija **Geschichte**
источник ißtótschnik **Quelle**
июль *m* i-júl **Juli**
июнь *m* i-júnj **Juni**

К

к *(+Dat)* k **zu**
кабан kabán **Wildschwein**
каждый káschdyj **jeder**
каждый час káschdyj tschaß **stündlich**
как kak **wie**
календарь *m* kalindár **Kalender**
камень *m* kámin **Stein**
камера kámira **Videokamera**
камера хранения kámira chranénija **Gepäckaufbewahrung**
камин kamín **Kamin**
канал kanál **Kanal**
канат kanát **Seil**
каноэ kanóä **Kanu**
канун Нового года kanún nówawa góda **Silvester**
карандаш karandásch **Stift**
карат karát **Karat**
кардридер kardríder **Speicherkartenlesegerät**
карман karmán **Tasche** *(Hosentasche)*

карма́нный фона́рик karmányj fanárik **Taschenlampe**
ка́рта kárta **Karte**
ка́рта го́рода kárta górada **Stadtplan**
ка́рта па́мяти kárta pámiti **Speicherkarte**
карти́на kartína **Bild; Gemälde**
карто́фель *m/sg* kartófil **Kartoffeln**
ка́сса káßa **Kasse**
кастрю́ля kaßtrjúlja **Topf**
катало́г katalók **Katalog**
католи́ческий katalítschißkij **katholisch**
ка́фе kaf[LATN LC] **Café**
ка́чество kátschißtwa **Qualität**
ка́шель *m* káschyl **Husten**
кашта́новый kaschtánawyj **braun** *(Haar)*
кварти́ра kwartíra **Wohnung**
кварти́ра под ключ kwartíra pat kljutsch **Ferienwohnung**
квита́нция kwitántzyja **Quittung**
ке́мпинг kämping **Campingplatz**
киломе́тр kilamétr **Kilometer**
кино́ kinó **Kino**
ки́слый kíßlyj **sauer** *(Speise)*
кла́дбище kládbischi **Friedhof**
класть/положи́ть klaßtj/palaschýtj **legen**
кле́йкая ле́нта kléjkaja ljénta **Klebeband**
клещ klesch **Zecke**
кле́щи *pl* kléschi **Zange**
клие́нт klijént **Kunde**
кли́мат klímat **Klima**
клубни́ка *sg* klubníka **Erdbeeren**
ключ klutsch **Schlüssel**
кни́га kníga **Buch**
когда́ kagdá **wann**
ко́жа kóscha **Haut; Leder**
коза́ kasá **Ziege**
кокте́йль *m* kaktéjl **Cocktail**
колбаса́ kalbaßá **Wurst**
коле́но kaléna **Knie**
ко́локол kólakal **Glocke**
кольцо́ kaltzó **Ring**
коля́ска kaljáßka **Kinderwagen**
кома́р kamár **Mücke**
комари́ный уку́с kamarínyj ukúß **Mückenstich**
ко́мната kómnata **Zimmer**
компа́кт-ди́ск kompákt dißk **CD**
компости́ровать/прокомпости́ровать kampaßtírawatj/prakampaßtírawatj **entwerten**
компью́тер kampjúter **Computer**
конди́терская kandítirßkaja **Konditorei**
кондиционе́р kanditzianér **Klimaanlage**
коне́ц kanjétz **Ende; Schluss**

конéц сезóна kanétz ßisóna **Nachsaison**
конéчная останóвка kanétschnaja aßtanófka **Endstation**
консéрвная бáнка kanßérwnaja bánka **Dose**
консéрвный нож kanßérwnyj nosch **Dosenöffner**
конферéнция kanfiréntzyja **Konferenz**
концéрт kantzärt **Konzert**
конь *m* konj **Pferd**
кóпия kópija **Kopie**
корáбль *m* karábl **Schiff**
кóрень *m* kórin **Wurzel**
коридóр karidór **Gang** *(Hausgang)*
корóва karówa **Kuh**
корóткий karótkij **kurz**
костыль *m* kaßtýl **Krücke**
кость *f* koßtj **Knochen; Gräte**
костюм kaßtjúm **Anzug**
коттéдж katLATNLCt-sch **Bungalow**
кóфе *m* kófe **Kaffee**
кóфта kófta **Jacke**
кóшка kóschka **Katze**
красивый kraßíwyj **hübsch; schön**
крáсное винó kráßnaje winó **Rotwein**
крáсный kráßnyj **rot**
красть/укрáсть kraßtj/ukráßtj **stehlen**
кредитная кáрточка kridítnaja kártatschka **Kreditkarte**
крем от сóлнца krem at ßóntza **Sonnencreme**
крéсло kréßla **Sessel**
крестьянский двор krißtjánßkij dwor **Bauernhof**
кричáть/закричáть kritschátj/sakritschátj **schreien**
кровáть *f* krawátj **Bett**
кровь *f* krofj **Blut**
кроссóвки kraßófki **Turnschuhe**
круиз kruíß **Kreuzfahrt**
крутóй krutój **steil**
крыса krýßa **Ratte**
крыша krýscha **Dach**
к сожалéнию kßaschiléniju **leider**
кто kto **wer**
ктó-то któ-ta **jemand**
кудá kudá **wohin**
кýдри kúdri **Locken**
кукурýза kukurúsa **Mais**
купáльник kupálnik **Badeanzug**
купáться kupátza **baden**
купé kupä **Abteil**
купóн kupón **Gutschein**
курить/покурить kurítj/pakurítj **rauchen**
курс kurß **Kurs**
кýртка kúrtka **Jacke**
кýртка-дождевик kúrtka-daschdiwík **Regenjacke**

кусáть/укусúть kußátj/ukußítj **beißen**
кусóчек kußótschik **Stück**
кýхня kúchnja **Küche**

Л

лавúна lawína **Lawine**
лак для ногтéй lak dlja naktéj **Nagellack**
лáмпа lámpa **Lampe**
лáмпочка lámpatschka **Glühbirne**
ландшáфт landscháft **Landschaft**
лёгкий ljóchkij **leicht**
лёгкое ljóchkaje **Lunge**
лекáрство likárßtwa **Medikament**
лён ljon **Leinen**
лес ljeß **Wald**
лéстница ljéßnitza **Treppe**
летéть/летáть litétj/litátj **fliegen**
лéто ljéta **Sommer**
лилóвый lilówyj **lila**
лимóн limón **Zitrone**
лимонáд limanát **Limonade**
лист lißt **Blatt**
листóк lißtók **Zettel**
лифт lift **Aufzug; Fahrstuhl**
лицó litzó **Person; Gesicht**
лúчный lítschnyj **persönlich**
лúшний вес lischni weß **Übergewicht; Übergepäck**
ловúть рыбу lawítj rýbu **angeln; fischen**
лóдка lótka **Boot**
лóжка lóschka **Löffel**
ложь *f* losch **Lüge**
лосьóн для тéла laßjón dlja téla **Körperlotion**
луг luk **Wiese**
лук luk **Zwiebel**
лунá luná **Mond**
лýчше lútsch-schy **besser**
лыжи lýschy **Ski**
льгóты *pl* lgóty **Ermäßigung**
любéзный lubésnyj **freundlich**
любúть lubítj **lieben; mögen**
любопытный ljubapýtnyj **neugierig**
лю́ди lúdi **Leute**

М

магазúн magasín **Geschäft**
магазúн бытовóй хúмии magasín bytawój chími-i **Drogerie**
мазь *f* maßj **Salbe**
май mai **Mai**
майонéз majinäß **Mayonnaise**
макарóны makaróny **Nudeln**
мáксимум mákßimum **höchstens**
мáленький málinkij **klein**
малúна *sg* malína **Himbeeren**
мáло mála **wenig**
мáльчик máltschik **Junge**

манжéты для плáвания manschéty dlja pláwanija **Schwimmflügel**
март mart **März**
мáсленица máßlinitza **Fasching, Karneval** *(russisch)*
мáсло máßla **Butter**
массáж maßásch **Massage**
материáл matiriál **Material; Stoff**
матрáс matráß **Matratze**
мать *f* matj **Mutter**
маши́на maschína **Auto; Maschine**
маяк maják **Leuchtturm**
мéбель *f* mébil **Möbel**
мéдленно *adv* médlina **langsam**
медýза midúsa **Qualle**
мéжду *(+Instr)* mjéschdu **zwischen**
мéлочь *f* mélatsch **Kleingeld; Wechselgeld** *(Münzen)*
меню́ minjú **Speisekarte**
меня́ть/поменя́ть minjátj/paminjátj **tauschen; wechseln**
мёртвый mjórtwyj **tot**
мéстное врéмя mjéßnaje wrémja **Ortszeit**
мéстность *f* mjéßnaßtj **Gegend**
мéсто mjéßta **Ort; Platz**
мéсто встрéчи méßta fßtrétschi **Treffpunkt**
мéсто жи́тельства mjéßta schýtilßtwa **Wohnort**
мéсто рождéния méßta raschdénija **Geburtsort**
мéсто у окнá mjéßta u akná **Fensterplatz**
мéсяц méßitz **Monat**
метр metr **Meter**
метрó mitró **U-Bahn**
меховáя шáпка michawája schápka **Pelzmütze**
мечéть *f* mitschjétj **Moschee**
мёрзнуть/замёрзнуть mjórsnutj/samjórsnutj **frieren**
мигрéнь *f* migrén **Migräne**
ми́лый mílyj **nett**
минерáльная водá minirálnaja wadá **Mineralwasser**
ми́нимум mínimum **mindestens**
минýта minúta **Minute**
мир mir **Welt; Frieden**
ми́ска míßka **Schüssel**
мнéние mnénije **Meinung**
мнóго mnóga **viel**
моби́льник mabílnik **Handy**
мóжет быть móschyt bytj **vielleicht**
мóкрый mókryj **nass**
мóлния mólnija **Blitz**
молодёжная тури́стская бáза maladjóschnaja turístskaja bása **Jugendherberge**

моло́дой maladój **jung**
молоко́ malakó **Milch**
молото́к malatók **Hammer**
моме́нт mamjént **Moment**
монасты́рь *m* manaßtýr **Kloster**
моне́та manéta **Münze**
мо́ре móri **Meer**
моро́женое maróschynaje **Eis**
мост moßt **Brücke**
мото́р matór **Motor**
мото́рная ло́дка matórnaja lótka **Motorboot**
мотоци́кл matatzíkl **Motorrad**
муж musch **Ehemann**
мужчи́на muschína **Mann**
музе́й muséj **Museum**
му́зыка músyka **Musik**
му́сор múßar **Abfall; Müll**
му́сорное ведро́ múßarnaje widró **Mülleimer**
мы my **wir**
мы́ло mýla **Seife**
мю́сли mjúßli **Müsli**
мя́гкий mjáchkij **weich**
мя́со mjáßa **Fleisch**
мяч mjatsch **Ball**

Н

на *(wohin?+Akk/wo?+Präp)* na **in**
навигацио́нный прибо́р navigatziónyj pribór **Navigationsgerät**
наводне́ние nawadnénije **Überschwemmung**
над *(+Instr)* nat **über** *(räumlich)*
надёжный nadjóschnyj **zuverlässig**
наде́юсь nadéjuß **hoffentlich**
надувна́я ло́дка naduwnája lótka **Schlauchboot**
надувно́й матра́с naduwnój matráß **Luftmatratze**
наза́д nasát **rückwärts; zurück**
нали́чный nalítschnyj **bar**
напи́ток napítak **Getränk**
направле́ние naprawlénije **Richtung**
напра́сно *adv* napráßna **umsonst** *(vergeblich)*
напро́тив *(+Gen)* naprótif **gegenüber**
наруше́ние naruschénije **Störung**
насеко́мое naßikómaje **Insekt**
наслажда́ться/наслади́ться naßlaschdátza/naßladítza **genießen**
на́сморк náßmark **Schnupfen**
насто́льный те́ннис naßtólnyj täniß **Tischtennis**
настоя́щий naßtajáschjij **echt**
на у́лице na úlitzi **draußen**
находи́ть/найти́ nachadítj/najtí **finden**
национа́льность *f* natzyanálnaßtj **Nationalität**

начáло natschála **Anfang; Beginn**
начáло сезóна natschála ßisóna **Vorsaison**
начинáющий natschinájuschij **Anfänger**
НДС än-dy-äß **Mehrwertsteuer**
не ni **nicht**
нéбо njéba **Himmel**
невéжливый niwéschliwyj **unhöflich**
невéста *f* niwéßta **Verlobte**
невинóвный niwinównyj **unschuldig**
невозмóжный niwasmóschnyj **unmöglich**
недействи́тельный nidijßtwítilnyj **ungültig**
недéля nidélja **Woche**
недоразумéние nidarasuménije **Missverständnis**
недорогóй nidaragój **preisgünstig**
недружелю́бный nidruschiljúbnyj **unfreundlich**
нежи́рный nischýrnyj **fettarm; mager**
незамýжняя *f* nisamúschnija **ledig**
нектари́н niktarín **Nektarine**
нелóвко *adv* nilófka **peinlich**
нéмец *m* némitz **Deutscher**
немéцкий nimétzkij **deutsch**
нéмка *f* némka **Deutsche**
непогóда nipagóda **Unwetter**
неразбáвленный nirasbáwlinyj **pur** *(Getränk)*
нéрвный nérwnyj **nervös**
несовершеннолéтний nißawirschenalétnij **minderjährig**
несчáстье nischäßtje **Unglück**
нет njet **nein**
неудóбный niudóbnyj **unbequem**
не умéет плáвать ni uméjit pláwatj **Nichtschwimmer(in)**
неую́тный niujútnyj **ungemütlich**
ни́жнее бельё nischneje biljó **Unterwäsche**
ни́зкий nißkij **niedrig**
никогдá nikagdá **nie**
никтó niktó **niemand**
ничегó nitschiwó **nichts**
но no **aber**
нóвый nówyj **neu**
Нóвый год nówyj got **Neujahr**
ногá nagá **Bein; Fuß**
нóготь *m* nógatj **Fingernagel**
нож nosch **Messer**
нóжницы *pl* nóschnitzy **Schere**
нóмер nómir **Nummer; Zimmer** *(Hotel)*
нóмер сóтового телефóна nómir ßótawawa tilifóna **Handynummer**

но́мер телефо́на nómir tilifóna **Telefonnummer**
норма́льный narmálnyj **normal**
нос noß **Nase**
носки́ naßkí **Socken**
носово́й плато́чек naßavój platótschik **Taschentuch**
ночь *f* notsch **Nacht**
но́чью nótsch-ju **nachts**
ноя́брь *m* najábrj **November**
нра́виться/понра́виться nráwitza/panráwitza **gefallen**
нра́виться на вкус nráwitza na fkuß **schmecken**
нужда́ться nuschdátza **brauchen**
ну́жный núschnyj **nötig**
нырять nyrjátj **tauchen**

O

о *(+Präp)* a **über**
о́ба *m* óba **beide**
обе́д abjét **Mittagessen**
о́блако óblaka **Wolke**
о́блачный óblatschnyj **bewölkt**
обме́нивать/обменя́ть abméniwatj/abminjátj **umtauschen**
обра́тный рейс abrátny rejß **Rückflug**
обслу́живание apßlúschiwanije **Bedienung** *(Service)*
о́бщая (округлённая) су́мма ópschyja (akrugljónaja) ßúma **Pauschale**
обще́ственный apschjéßtwinyj **öffentlich**
объедине́ние abjidinénije **Verein**
объе́зд abjéßt **Umweg**
объекти́в abjektíf **Objektiv**
объясня́ть/объясни́ть abjißnjátj/abjißnítj **erklären**
обы́чный abýtschnyj **üblich**
о́вощи *pl* ówaschi **Gemüse**
овца́ aftsá **Schaf**
огнетуши́тель *m* agnituschítjel **Feuerlöscher**
ого́нь *m* agón **Feuer**
одея́ло adijála **Wolldecke; Bettdecke**
оди́н *m* adín **ein; allein**
оди́н раз adín raß **einmal**
одна́ *f* adná **eine**
одно́ *n* adnó **ein**
одноко́мнатная кварти́ра adnakómnatnaja kwartíra **Appartement**
одноме́стный но́мер adnaméßnyj nómir **Einzelzimmer**
односпа́льная крова́ть adnaßpálnaja krawátj **Einzelbett**
одното́нный adnatónyj **einfarbig**
ожида́ть aschidátj **erwarten**

оздоровительный центр asdarawítilnyj tsentr **Wellness-Center**
óзеро ósira **See**
озóн asón **Ozon**
окáнчивать/окóнчить akántschiwatj/akóntschitj **beenden**
окнó aknó **Fenster**
окóшко akóschka **Schalter** *(Fahrkarten, Bank usw.)*
окрéстности *pl* akréßnaßti **Umgebung**
октя́брь *m* aktjábrj **Oktober**
оли́вки alífki **Oliven**
он on **er**
опáсность *f* apáßnaßtj **Gefahr**
опáсный apáßnyj **gefährlich**
óпера ópira **Oper**
опоздáние apasdánije **Verspätung**
орéх arjéch **Nuss**
оригинáл ariginál **Original**
осá aßá **Wespe**
óсень *f* óßin **Herbst**
осмáтривать/осмотрéть aßmátriwatj/aßmatrétj **besichtigen**
осмóтр aßmótr **Besichtigung**
основнóй сезóн aßnawnój ßisón **Hauptsaison**
оставáться/остáться aßtawátza/aßtátza **bleiben**
остальнóй aßtalnój **übrig**
останáвливаться/останови́ться aßtanáwliwatza/aßtanawítza **(an)halten**
останóвка aßtanófka **Aufenthalt** *(Zug)*; **Haltestelle**
остановка автóбуса aßtanófka aftóbußa **Bushaltestelle**
остáток aßtátak **Rest**
осторóжный aßtaróschnyj **vorsichtig**
óстров óßtraf **Insel**
óстрый óßtryj **scharf**
от *(+Gen)* at **von**
отвёртка atwjórtka **Schraubenzieher**
отвéт atwét **Antwort**
отвéтственный atwétztwinyj **verantwortlich; zuständig**
отвечáть/отвéтить atwitschátj/atwétitj **antworten**
отдéльный ad-délnyj **einzeln**
отдыхáть/отдохнýть ad-dychátj/ad-dachnútj **sich ausruhen**
отéль *m* atél **Hotel**
отéц atjétz **Vater**
открывáлка atkrywálka **Flaschenöffner**
открывáть/откры́ть atkrywátj/atkrýtj **öffnen**
откры́т *m* atkrýt **geöffnet**
откры́тка atkrýtka **Postkarte**
откры́тка с ви́дом atkrýtka ßwídam **Ansichtskarte**

открытый atkrýtyj **offen**
отлив atlíf **Ebbe**
отопление ataplénije **Heizung**
отправление atprawlénije **Abfahrt**
отпуск ótpußk **Urlaub**
отсутствовать atzútztwawatj **fehlen**
отъезд atjésd **Abreise**
отъезжать/отъехать atjischátj/atjéchatj **abfahren; abreisen**
офис ófiß **Büro**
официант afitziánt **Bedienung; Kellner**
официантка afitzyántka **Bedienung; Kellnerin**
охотно *adv* achótna **gern**
охрана окружающей среды achrána akruschájuschij ßridý **Umweltschutz**
очень ótschin **sehr**
очки *pl* atschkí **Brille**
ошибка aschýpka **Fehler**

П

пакет pakjét **Tüte**
палатка palátka **Zelt**
палец pálitz **Finger**
палец ноги pálitz nagí **Zehe**
памятник pámitnik **Denkmal**
панорама panaráma **Panorama**
парашютный спорт paraschútnyj ßport **Fallschirmspringen**
парикмахерская parikmáchirßkaja **Friseur**
парк park **Park**
парк-заповедник park-sapawjédnik **Nationalpark**
парковочные часы parkówatschnyje tschißý **Parkuhr**
пароль *m* paról **Passwort**
паром paróm **Fähre**
парусная лодка párußnaja lótka **Segelboot**
паспорт páßpart **Reisepass**
Пасха páßcha **Ostern**
паук pa-úk **Spinne**
певец piwjétz **Sänger**
певица piwítza **Sängerin**
пенсионер pinßianjér **Rentner(in)**
пепельница pépilnitza **Aschenbecher**
первая половина дня pérwaja palawína dnja **Vormittag**
первый этаж pérwyj ytásch **Erdgeschoss**
перевод piriwót **Übersetzung; Überweisung**
переводить/перевести piriwadítj/piriwißtí **übersetzen**
переводчик periwótschik **Übersetzer**
переводчица periwótschitza **Übersetzerin**

перевя́зочный материа́л piriwjásatschnyj matiriál **Verbandszeug**
переключа́тель *m* piriklutschátil **Schalter** *(elektrisch)*
перекрёсток pirikrjóßtak **Kreuzung**
переры́в piriryf **Pause**
переса́живаться/пересе́сть pirißáschywatza/pirißéßtj **umsteigen**
пересека́ть/пересе́чь pirißikátj/pirißétsch **überqueren**
пе́рец péritz **Pfeffer**
пе́рсик pérßik **Pfirsich**
пе́сня péßnja **Lied**
песо́к pißók **Sand**
пёстрый pjóßtryj **bunt**
песча́ный пляж pischányj pljasch **Sandstrand**
петь/спеть petj/ßpetj **singen**
печа́тать pitschátatj **drucken**
пе́чень *f* pétschin **Leber**
пече́нье *sg* pitschénje **Kekse**
пешехо́дная зо́на pischichódnaja sóna **Fußgängerzone**
пеще́ра pischéra **Höhle**
пи́во píwa **Bier**
пило́т pilót **Pilot**
пинце́т pintzät **Pinzette**
пиро́г pirók **Kuchen**
писа́ть/написа́ть pißátj/napißátj **schreiben**
письмо́ pißmó **Brief**
пить/вы́пить pitj **trinken**
питьева́я вода́ pitj-jiwája wadá **Trinkwasser**
пла́вать pláwatj **schwimmen**
пла́вать на па́русной ло́дке pláwatj na párußnaj lótki **segeln**
пла́вки *pl* pláfki **Badehose**
пла́кать/запла́кать plákatj/saplákatj **weinen**
план plan **Plan**
пла́стырь *m* pláßtyr **Pflaster** *(Wundpflaster)*
пла́та pláta **Gebühr**
пла́та за аре́нду pláta sa aréndu **Miete**
пла́та за прока́т pláta sa prakát **Leihgebühr**
плати́ть/заплати́ть platítj/saplatítj **bezahlen; zahlen**
платфо́рма platfórma **Bahnsteig**
пла́тье plátje **Kleid**
плечо́ plitschó **Schulter**
плита́ plitá **Herd**
пло́ский plóßkij **flach**
плохо́й plachój **schlecht; schlimm**
пло́щадь *f* plóschytj **Platz** *(innerstädtisch)*
пляж pljasch **Strand**

побере́жье pabiréschje **Küste**
побри́ть pabrítj **rasieren**
поворо́т pawarót **Kurve**
повторя́ть/повтори́ть paftarjátj/paftarítj **wiederholen**
пого́да pagóda **Wetter**
пода́рок padárak **Geschenk**
пода́рочный сертифика́т padáratschnyj ßirtifikát **Geschenkgutschein**
подбира́ть/подобра́ть padbirátj/padabrátj **aussuchen**
поде́ржанный padérschanyj **gebraucht**
подключе́ние к Интерне́ту patklutschénije kinternétu **Internetanschluss**
подно́с padnóß **Tablett**
по-дома́шнему padamáschnimu **hausgemacht**
подпи́сывать/подписа́ть patpíßywatj/patpißátj **unterschreiben**
по́дпись *f* pótpiß **Unterschrift**
подру́га *f* padrúga **Freundin**
поду́шка padúschka **Kissen; Kopfkissen**
по́езд pó-ißt **Zug**
пое́здка pajéßtka **Fahrt**
пожа́луйста paschálußta **bitte**
пожа́р paschár **Brand**
пожа́рная кома́нда paschárnaja kamánda **Feuerwehr**
позавчера́ pasaftschirá **vorgestern**
позвоно́чник paswanótschnik **Wirbelsäule**
по́здно *adv* pósna **spät**
поздравля́ть/поздра́вить pasdrawljátj/pasdráwitj **gratulieren**
пойти́ в рестора́н pajtí wristarán **essen gehen**
пока́зывать/показа́ть pakásywatj/pakasátj **zeigen**
покида́ть/поки́нуть pakidátj/pakínutj **verlassen**
покупа́ть/купи́ть pakupátj/kupítj **einkaufen; kaufen**
пол pol **Boden** *(Fußboden)*
по́ле póli **Feld**
поле́зный palésnyj **nützlich**
полёт paljót **Flug**
поли́ция palítzija **Polizei**
по́лный pólnyj **voll**
полови́на napalawína **Hälfte; halb**
полоте́нце palaténtzy **Handtuch**
полоте́нце для посу́ды palaténtzy dla paßúdy **Geschirrtuch**
полуо́стров palu-óßtraf **Halbinsel**

по́льзоваться *(+Instr)* pólsawatza **benutzen**
пома́да pamáda **Lippenstift**
помидо́р pamidór **Tomate**
помога́ть/помо́чь pamagátj/pamótsch **helfen**
по́мощь *f* pómasch **Hilfe**
понеде́льник panidélnik **Montag**
понима́ть/поня́ть panimátj/panjátj **verstehen**
поно́с panóß **Durchfall**
порошо́к paraschók **Pulver**
порт port **Hafen**
по-ру́сски parúßki **auf Russisch**
по́рция pórtzyja **Portion**
поря́док parjádak **Ordnung**
поса́дочный тало́н paßádatschny talón **Bordkarte**
посеща́ть/посети́ть paßischátj/paßitítj **besuchen**
послеза́втра poßlisáftra **übermorgen**
по́сле обе́да póßli ahjéda **nachmittags**
посте́льное бельё paßtjélnaje bil-jó **Bettwäsche**
посу́да paßúda **Geschirr**
посыла́ть/посла́ть paßylátj/paßlátj **schicken**
посы́лка paßýlka **Paket**
поте́ть/вспоте́ть patétj/fßpatétj **schwitzen**
потоло́к patalók **Decke** *(Zimmerdecke)*
пото́м patóm **nachher**
потому́ что patamúschta **weil**
похо́жий pachóschyj **ähnlich**
поцелу́й patzylúj **Kuss**
почему́ patschimú **warum**
по́чка pótschka **Niere**
почта́мт patschtámt **Postamt**
почти́ patschtí **fast**
почто́вая ма́рка patschtówaja márka **Briefmarke**
почто́вый я́щик patschtówyj jáschík **Briefkasten**
по́яс pójiß **Gürtel** *(Stoffgürtel)*
пра́вда práwda **Wahrheit**
пра́вило práwila **Regel**
пра́вильный práwilnyj **richtig**
прави́тельство prawítilßtwa **Regierung**
пребыва́ние pribywánije **Aufenthalt**
превосхо́дный priwaßchódnyj **perfekt**
предвари́тельная зая́вка pridwarítilnaja sajáfka **Voranmeldung**
предвари́тельный pridwarítilnyj **voraussichtlich; vorläufig**
предложе́ние pridlaschénije **Angebot; Vorschlag**
предло́жение pridlaschénije **Satz**

предопла́та pridapláta **Anzahlung**
предохрани́тель *m* pridachranítil **Sicherung**
предписа́ние pritpißánije **Vorschrift**
предупрежде́ние pridupris͜chdénije **Warnung**
презервати́в prisirwatíf **Kondom**
прейскура́нт prißkuránt **Preisliste**
прекраща́ть/прекрати́ть prikraschátj/prikratítj **aufhören**
прете́нзии *pl* pritänsii **Beanstandung**
приблизи́тельно *adv* priblisítilna **ungefähr**
прибо́р pribór **Besteck**
прибыва́ть/прибы́ть pribywátj/pribýtj **ankommen**
прибы́тие pribýtije **Ankunft**
приве́тствовать priwétßtwawatj **begrüßen**
приглаша́ть/пригласи́ть priglaschátj/priglaßítj **einladen**
приглаше́ние priglaschénije **Einladung**
при́город prígarat **Vorort**
приём prijóm **Empfang**
приземля́ться/приземли́ться prisimljátza/prisimlítza **landen**
прили́в prilíf **Flut**
приме́р primér **Beispiel**
принадлежа́ть prinadlis͜chátj **gehören**
приноси́ть/принести́ prinaßítj/priniští **holen**
припра́вленный спе́циями pripráwlinyj ßpétzyjami **gewürzt**
приро́да priróda **Natur**
приставáть prißtawátj **belästigen**
приходи́ть/прийти́ prichadítj/prijtí **kommen**
прича́л pritschál **Anlegestelle**
причёска pritschóßka **Frisur**
причи́на pritschína **Grund; Ursache**
про́бка própka **Stau; Pfropfen**
пробле́ма probléma **Problem**
про́бовать/попро́бовать próbawatj/papróbawatj **probieren** *(versuchen)*
проверя́ть/прове́рить prawirjátj/prawéritj **prüfen**
проводни́к , проводни́ца prawadník, prawadnítza **Schaffner(in)**
програ́мма pragráma **Programm**
прогу́лка pragúlka **Spaziergang**

прогу́лочный ка́тер pragúlatschnyj kátir **Ausflugsboot**
продава́ть/прода́ть pradawátj/pradátj **verkaufen**
продаве́ц *m* pradawjétz **Verkäufer**
продавщи́ца pradawschítza **Verkäuferin**
прода́жа pradáscha **Verkauf**
продово́льственный магази́н pradawólßtwiny magasín **Lebensmittelgeschäft**
проду́кт pradúkt **Produkt**
прои́грывать/проигра́ть pra-ígrywatj/pra-igrátj **verlieren**
произноше́ние praisnaschénije **Aussprache**
прока́т prakát **Verleih**
прока́т ло́док prakát lódak **Bootsverleih**
промежу́точная поса́дка pramischútatschnaja paßátka **Zwischenlandung**
про́пасть *f* própaßtj **Schlucht**
про́сто *adv* próßta **einfach**
просту́да praßtúda **Erkältung**
про́тив *(+Gen)* prótif **gegen; dagegen**
противополо́жность *f* pratiwapalóschnaßtj **Gegenteil**
профе́ссия praféßija **Beruf**
прохла́дный prachládnyj **kühl**
проце́нт pratzént **Prozent**
пря́мо *adv* prjáma **direkt; geradeaus**
пти́ца ptítza **Vogel**
пу́говица púgawitza **Knopf**
пуло́вер pulówir **Pullover**
пусто́й pußtój **leer**
пусты́шка pußtýschka **Schnuller**
путеводи́тель *m* putiwadítil **Reiseführer**
путеше́ствие putischéßtwije **Reise**
путеше́ствовать putischéßtwawatj **reisen**
путеше́ствовать автосто́пом putischéßtwawatj aftaßtópam **trampen**
путь *m* putj **Weg; Gleis**
пыль *f* pylj **Staub**
пья́ный pjányj **betrunken**
пя́тница pjátnitza **Freitag**
пятно́ pitnó **Fleck**

Р

рабо́та rabóta **Arbeit; Job**
рабо́тать rabótatj **arbeiten; funktionieren**
рабо́чий день *m* rabótschij denj **Werktag**
ра́дио rádio **Radio**
ра́дуга ráduga **Regenbogen**
разведённый raswidjónyj **geschieden**

развлекáться raswlikátza **sich amüsieren**
разговáривать rasgawáriwatj **reden** *(miteinander)*
разговóр rasgawór **Gespräch**
раздевáлка rasdiwálka **Umkleidekabine**
размéр rasmjér **Größe**
рáзница rásnitza **Unterschied**
разрешáть/разрешúть rasrischátj/rasrischýtj **erlauben**
райóн гóрода rajón górada **Stadtteil**
рáковина rákawina **Waschbecken**
ракýшки rakúschki **Muscheln**
рáна rána **Wunde**
рáно *adv* rána **früh**
рáньше ránschy **früher**
расписáние raßpißánije **Fahrplan**
распродáжа raßpradáscha **Ausverkauf**
расскáзывать/рассказáть raßkásywatj/raßkasátj **erzählen**
расстоя́ние raßtajánije **Entfernung**
рассчúтанный на инвалúдов raschítany na inwalídaf **behindertengerecht**
растéние raßténije **Pflanze**
рáтуша rátuscha **Rathaus**
рационáльный ratzianálnyj **sinnvoll**
ребёнок ribjónak **Kind**
региóн rigión **Region**
регистрáция rigißtrátzyja **Anmeldung**
регистрúровать/зарегистрúровать rigißtrírawatj/sarigißtrírawatj **anmelden**
регуля́рно *adv* riguljárna **regelmäßig**
рéдко *adv* rétka **selten**
резúнка для волóс risínka dlja walóß **Haargummi**
рекá riká **Fluss**
реклáма rikláma **Werbung**
реклáмáция riklamátzija **Reklamation**
реклáмный проспéкт riklámnyj praßpékt **Prospekt**
ремéнь безопáсности *m* rimjén bisapáßnaßti **Sicherheitsgurt**
ремóнт rimónt **Reparatur**
ресторáн rißtarán **Restaurant**
рецéпт ritzäpt **Rezept**
решéние rischénije **Lösung**
рис riß **Reis**
родúтели radítili **Eltern**
роднóй язы́к radnój jisýk **Muttersprache**
рóдственник rótßtwinik **Verwandter**

ро́дственница rótßtwinitza **Verwandte**
Рождество́ raschdißtwó **Weihnachten**
ро́за rósa **Rose**
розе́тка rasjétka **Steckdose**
розмари́н rasmarín **Rosmarin**
ро́зовый rósawyj **rosa**
романти́ческий ramantítschißkij **romantisch**
Росси́я raßija **Russland**
рот rot **Mund**
руба́шка rubáschka **Hemd**
рука́ ruká **Arm; Hand**
ру́сская rúßkaja **Russin**
ру́сский rúßkij **Russe; russisch**
ручна́я кладь *f* rutschnája klatj **Handgepäck**
ры́ба rýba **Fisch**
ры́нок rýnak **Markt**
рюкза́к rjuksák **Rucksack**
ряд rjat **Reihe**
ря́дом с *(+Instr)* rjádamß **neben**

С

с *(+Instr)* ß **mit;** *(+Gen)* **seit**
сад ßat **Garten**
сала́т ßalát **Salat**
салфе́тка ßalfétka **Serviette**
самова́р ßamawár **Samowar**
самолёт ßamaljót **Flugzeug**
самообслу́живание ßama-apßlúschywanije **Selbstbedienung**
самостоя́тельный ßamaßtajátilnyj **selbstständig**
са́уна ßáuna **Sauna**
са́хар ßáchar **Zucker**
све́жий ßwéschyj **frisch**
све́рху ßwérchu **oben**
свет ßwjet **Licht**
све́тлый ßwétlyj **hell**
светофо́р ßwitafór **Ampel**
све́чи ßwétschi **Kerzen**
свиде́тель *m*, **свиде́тельница** *f* ßwidétil, ßwidétiljnitza **Zeuge/Zeugin**
свини́на ßwinína **Schweinefleisch**
свинья́ ßwinjá **Schwein**
свобо́дный ßwabódnyj **frei**
сдава́ть/сдать sdawátj/sdatj **vermieten**
сда́ча sdátscha **Wechselgeld** *(Rückgeld)*
сде́ланный вручну́ю sdélanyj wrutschnúju **handgemacht**
се́вер ßéwir **Norden**
сего́дня ßiwódnja **heute**
сезо́нная распрода́жа ßisónaja raßpradáscha **Schlussverkauf**
сейча́с ßitscháß **jetzt**
секре́тный код ßikrétnyj kot **Geheimzahl**

секс ßäkß **Sex**
секу́нда ßikúnda **Sekunde**
семе́йная па́ра ßiméjnaja pára **Ehepaar**
семья́ ßimjá **Familie**
сентя́брь *m* ßintjábrj **September**
серди́тый ßirdítyj **sauer** *(verärgert)*
се́рдце ßértzä **Herz**
серебро́ ßiribró **Silber**
сертифика́т ßirtifikát **Zertifikat**
се́рый ßéryj **grau**
се́рьги ßjérgi **Ohrringe**
серьёзный ßirjósnyj **ernst**
сестра́ ßißtrá **Schwester**
сетево́е заря́дное устро́йство ßitiwóje sarjádnaje ußtrójßtwa **Ladekabel**
сетево́е напряже́ние ßitiwóje naprischénije **Netzspannung**
се́тка от комаро́в ßétka at kamaróf **Moskitonetz**
сеть *f* ßetj **Netz**
сеть со́товой свя́зи ßetj ßótawaj ßwjási **Mobilfunknetz**
сза́ди s-sádi **hinten**
сигаре́та ßigaréta **Zigarrette**
си́льный ßílnyj **stark**
симпати́чный ßimpatítschnyj **sympathisch**
синаго́га ßinagóga **Synagoge**
си́ний ßínij **blau**
скаме́йка ßkaméjka **Bank** *(Parkbank)*
ски́дка ßkítka **Rabatt**
складно́й нож ßkladnój nosch **Taschenmesser**
сковорода́ ßkawaradá **Pfanne**
ско́лько *(+Gen)* ßkólka **wie viel**
ско́ро *adv* ßkóra **bald**
ско́рость *f* ßkóraßtj **Geschwindigkeit**
скульпту́ра ßkulptúra **Skulptur**
ску́чный ßkútschnyj **langweilig**
сла́бый ßlábyj **schwach**
сла́дкий ßlátkij **süß**
сле́ва ßléwa **links**
сле́довать/после́довать ßlédawatj/paßlédawatj **folgen**
сле́дующий ßléduschij **nächster**
сли́ва ßlíwa **Pflaume**
сли́вки *pl* ßlífki **Sahne**
сли́шком ма́ло ßlíschkam mála **zu wenig**
сли́шком мно́го ßlíschkam mnóga **zu viel**
слова́рь *m* ßlawár **Wörterbuch**
сло́во ßlówa **Wort**
сло́жный ßlóschnyj **schwierig**
сло́ман ßlóman **kaputt**
случа́йность *f* ßlutschájnaßtj **Zufall**
слу́шать/послу́шать ßlúschatj/paßlúschatj **hören** *(Musik)*

слы́шать/услы́шать ßlýschatj/ußlýschatj **hören**
смени́ть ßminítj **auswechseln**
сме́шивать/смеша́ть ßméschiwatj/ßmischátj **mischen**
смея́ться/посмея́ться ßmijátza/paßmijátza **lachen**
смотре́ть/посмотре́ть ßmatrétj/paßmatrétj **zuschauen**
СМС äßämäß **SMS**
снару́жи ßnarúschy **außen**
снег ßnjek **Schnee**
сно́ва ßnówa **wieder**
соба́ка ßabáka **Hund**
собира́ть/собра́ть ßabirátj/ßabrátj **sammeln**
соверша́ть тури́стский похо́д ßawirschátj turíßki pachót **wandern**
совершенноле́тний ßawirschenaljétnij **volljährig**
сове́товать/посове́товать ßawétawatj/paßawétawatj **empfehlen**
совреме́нный ßawrimjényj **modern**
соедине́ние ßajidinénije **Anschluss**
соедини́тельный ка́бель *m* ßajidinítilnyj kábil **Verbindungskabel**
сок ßok **Saft**
солёный ßaljónyj **salzig**
со́лнечный ßólnitschnyj **sonnig**
со́лнечный ожо́г ßólnitschnyj aschók **Sonnenbrand**
со́лнце ßóntzy **Sonne**
солнцезащи́тные очки́ ßólntzysaschítnyje atschkí **Sonnenbrille**
солнцезащи́тный фа́ктор ßontzysaschítnyj fáktar **Lichtschutzfaktor**
соль *f* ßol **Salz**
сон ßon **Traum**
сообща́ть/сообщи́ть ßa-apschátj/ßa-apschítj **benachrichtigen**
сообще́ние ßa-apschénije **Nachricht**
сосе́д *m* ßaßjét **Nachbar**
состоя́ние ßaßtajánije **Zustand**
состоя́ться ßaßtajátza **stattfinden**
со́ус ßóuß **Soße**
сохрани́ть ßachranítj **speichern**
спа́льный ваго́н ßpálnyj wagón **Schlafwagen**
спа́льный мешо́к ßpálnyj mischók **Schlafsack**
спаса́тельный жиле́т ßpaßátilnyj schyljét **Schwimmweste**
спаса́тельный круг ßpaßátilnyj kruk **Rettungsring**
спаси́бо ßpaßíba **danke**

спать/поспáть ßpatj/paßpátj **schlafen**
специáльное предлóжение ßpitzyiálnaje pridlaschénije **Sonderangebot**
спéции ßpétzi-i **Gewürze**
спинá ßpiná **Rücken**
спирáль от комарóв ßpirál at kamaróf **Moskitospirale**
спíчки ßpítschki **Streichhölzer**
спокóйный ßpakójnyj **ruhig**
спорт ßport **Sport**
спóсоб ßpóßap **Art** *(Weise)*
спрáва ßpráwa **rechts**
спрáвочное бюрó ßpráwatschnaje bjuró **Auskunft** *(Schalter)*
спрáшивать/спросíть ßpráschywatj/ßpraßítj **fragen**
срáвнивать/сравнúть ßráwniwatj/ßrawnítj **vergleichen**
срáзу ßrásu **sofort**
средá ßridá **Mittwoch**
срéдство для мытья́ посýды ßrétßtwa dlja mytjá paßúdy **Spülmittel**
срéдство для чúстки ßrjétßtwa dlja tschíßtki **Putzmittel**
срок гóдности ßrok gódnaßti **Verfallsdatum**
срóчно *adv* ßrótschna **dringend**
стáвить машúну на стоя́нку ßtáwitj maschýnu na ßtajánku **parken** *(Auto)*
стадиóн ßtadión **Stadion**
стакáн ßtakán **Glas** *(Trinkglas)*
становúться/стать ßtanawítza/ ßtatj **werden**
стáрая часть гóрода ßtáraja tschaßtj górada **Altstadt**
старт ßtart **Start**
стáрый ßtáry **alt**
стенá ßtiná **Mauer; Wand**
стирáльная машúна ßtirálnaja maschína **Waschmaschine**
стирáльный порошóк ßtirálny paraschók **Waschmittel**
стирáть/постирáть ßtirátj/ paßtirátj **waschen** *(Wäsche)*
стóить ßtó-itj **kosten**
стол ßtol **Tisch**
столúца ßtalítza **Hauptstadt**
столкновéние ßtalknawénije **Zusammenstoß**
стоя́нка запрещенá ßtajánka saprischiná **Parkverbot**
стоя́чее мéсто ßtajátschije mjéßta **Stehplatz**
странá ßtraná **Land**
страх ßtrach **Angst**
страхóвка ßtrachófka **Versicherung**
стресс ßtreß **Stress**
стрóйный ßtrójnyj **schlank**
студéнт *m* ßtudjént **Student**

стул ßtul **Stuhl**
стыко́вочный рейс ßtykówatschnyj rejß **Anschlussflug**
стю́ард ßtjúart **Flugbegleiter**
стюарде́сса ßtjuardéßa **Flugbegleiterin**
суббо́та ßubóta **Samstag**
субти́тры ßubtítry **Untertitel**
сувени́р ßuwinír **Souvenir**
су́мка ßúmka **Handtasche; Tasche**
су́мка-холоди́льник ßúmka-chaladílnik **Kühltasche**
су́мма ßúma **Betrag; Summe**
суп ßup **Suppe**
суперма́ркет ßupirmárkit **Supermarkt**
сухо́й ßuchój **trocken**
счастли́вый schißlíwyj **glücklich**
сча́стье schäßtje **Glück**
счёт schjot **Rechnung**
сын ßyn **Sohn**
сыр ßyr **Käse**
сыро́й ßyrój **roh**
сюрпри́з ßjurpríß **Überraschung**

T

таба́к tabák **Tabak**
такси́ takßí **Taxi**
там tam **dort**
тамо́жня tamóschnja **Zoll**
танцева́ть tantzywátj **tanzen**
таре́лка tarjélka **Teller**
твёрдый twjórdyj **hart**
теа́тр tiátr **Theater**
телеви́зор tiliwísar **Fernseher**
телефо́н tilifón **Telefon**
телефо́нная ка́рточка tilifónaja kártatschka **Telefonkarte**
теля́тина tiljátina **Kalbfleisch**
тёмный tjómnyj **dunkel**
температу́ра timpiratúra **Temperatur**
те́ннис täniß **Tennis**
тень *f* tjen **Schatten**
тепло́ *adv* tipló **warm**
терра́са tiráßa **Terrasse**
тётя tjótja **Tante**
те́хника téchnika **Technik**
типи́чный tipítschnyj **typisch**
ти́хий tíchij **still**
тихо́ *adv* tícha **leise**
то́же tósche **auch**
то же са́мое toschy ßámaje **dasselbe**
ток tok **Strom** *(elektrisch)*
то́лстый tólßtyj **dick**
то́лько tólka **nur**
то́нкий tónkij **dünn**
торго́вый центр targówyj tzentr **Einkaufszentrum**
тормоза́ *pl* tarmasá **Bremse**
то́чный tótschnyj **pünktlich**
тошнота́ taschnatá **Übelkeit**
трава́ trawá **Gras**

тра́вма tráwma **Verletzung**
тради́ция tradítzyja **Tradition**
трамва́й tramwáj **Straßenbahn**
тро́гать/тро́нуть trógatj/trónutj **berühren**
тру́бка trúpka **Pfeife**
тру́дный trúdnyj **schwierig**
туале́т tualét **Toilette**
туале́тная бума́га tualétnaja bumága **Toilettenpapier**
тума́н tumán **Nebel**
туне́ц tunjétz **Thunfisch**
тупи́к tupík **Sackgasse**
тур tur **Tour**
тури́ст *m/f* turíßt **Tourist**
туристи́ческая гру́ппа turißtítschißkaja grúpa **Reisegruppe**
тури́стский ко́врик turístskij kówrik **Isomatte**
тури́стский маршру́т turíßkij marschrút **Wanderweg**
ту́фли túfli **Schuhe**
ты ty **du**
тяжёлый tischólyj **schwer** *(Gewicht)*
тяну́ть/потяну́ть tinútj/patinútj **ziehen**

У

у *(+Gen)* u **bei**
уве́ренный uwérinyj **sicher** *(überzeugt)*
у́гол úgal **Ecke**
удали́ть udalítj **löschen**
удлини́тель *m* udlinítil **Verlängerungskabel**
удо́бно *adv* udóbna **bequem**
удово́льствие udawólßtwije **Vergnügen**
удостовере́ние ли́чности udaßtawirénije lítschnaßti **Personalausweis**
уезжа́ть/уе́хать ujischátj/ujéchatj **verreisen; wegfahren**
у́жин úschyn **Abendessen**
у́зкий úßkij **eng; schmal**
украше́ние ukraschénije **Schmuck**
у́ксус úkßuß **Essig**
уку́с ukúß **Stich**
уку́с насеко́мого ukúß naßikómawa **Insektenstich**
у́лица úlitza **Straße**
улыба́ться/улыбну́ться ulybátza/ulybnútza **lächeln**
ультрафиоле́товые лучи́ ultrafialétawyje lutschí **UV-Strahlen**
ультрафиоле́товый светофи́льтр ultrafialétawyj ßwetafíltr **UV-Filter**
у́мный úmnyj **intelligent; klug**
университе́т uniwirßitjét **Universität**
упако́вка upakófka **Packung**

упражнéние upraschnénije **Übung**
упражня́ться в *(+Präp)* upraschnjátza w **üben**
уси́лие ußílije **Mühe**
услóвие ußlówije **Voraussetzung; Bedingung**
успéх ußpéch **Erfolg**
устáлый ußtályj **müde**
утоми́тельно *adv* utamítilna **anstrengend**
у́тром útram **morgens**
утю́г utjúk **Bügeleisen**
у́хо úcha **Ohr**
учи́тель *m* utschítil **Lehrer**
учи́тельница *f* utschítilnitza **Lehrerin**
учи́ть(ся) utschít(za) **lernen**
учи́ться в ву́зе utschítza w-wúsi **studieren**
ую́тный ujútnyj **gemütlich**

Ф

феврáль *m* fiwrál **Februar**
фен fen **Föhn**
фильм film **Film**
фильтр filtr **Filter**
фи́рма fírma **Firma**
фи́рменное блю́до fírminaje blúda **Spezialität**
формуля́р farmuljár **Formular**
фóто fóta **Foto**
фóтоаппарáт fota-aparát **Kamera**
фотографи́ровать fatagrafírawatj **fotografieren**
фотогрáфия fatagráfija **Foto**
фру́кты *pl* frúkty **Obst**
футбóл futból **Fußball** *(Spiel)*
футбóлка futbólka **T-Shirt**

Х

хлеб chljep **Brot**
хлеб с отрубя́ми chljep ßatrubjámi **Vollkornbrot**
хлóпок chlópak **Baumwolle**
хóбби chóbi **Hobby**
холм cholm **Hügel**
холоди́льник chaladílnik **Kühlschrank**
холóдный chalódnyj **kalt**
холостóй *m* chalaßtój **ledig**
хорóший charóschyj **gut**
хотéть/захотéть chatjétj/sachatjétj **wollen**
хотéть пить chatjétj pitj **durstig sein**
худóжник chudóschnik **Künstler**
худóжница chudóschnitza **Künstlerin**

Ц

цвет tzwet **Farbe**
цветóк tzwitók **Blume**
целовáть/поцеловáть tzylawátj/patzylawátj **küssen**

це́лый tzélyj **ganz**
цель *f* tzäl **Ziel; Zweck**
цена́ tzyná **Preis**
цена́ биле́та tziná biljéta **Fahrpreis**
це́нность *f* tzắnaßtj **Wert**
це́нные ве́щи tzắnyji wéschi **Wertsachen**
це́нный tzắnyj **wertvoll**
центр tzentr **Mitte; Zentrum**
центр го́рода tzentr górada **Innenstadt; Stadtzentrum**
центра́льный tzintrálnyj **zentral**
цепо́чка tzypótschka **Kette**
це́рковь *f* tzérkaf **Kirche**
ци́фра tzýfra **Zahl**

Ч

чаевы́е *pl* tschijiwýje **Trinkgeld**
чай tschaj **Tee**
ча́йка tschájka **Möwe**
час tschaß **Stunde**
ча́стный tscháßnyj **privat**
ча́сто *adv* tscháßta **oft**
ча́стый tscháßtyj **häufig**
часы́ *pl* tschißý **Uhr**
часы́ рабо́ты tschyßý rabóty **Öffnungszeiten**
ча́шка tscháschka **Tasse**
челове́к tschilawjék **Mensch**
че́люсть *f* tschéljußtj **Gebiss**
чемода́н tschimadán **Koffer**
чёрный tschórny **schwarz**
чесно́к tschißnók **Knoblauch**
четве́рг tschitwérk **Donnerstag**
число́ tschißló **Zahl** *(Anzahl)*
чи́стить/почи́стить tschíßtitj/patschíßtitj **putzen**
чи́стка tschíßtka **Reinigung**
чи́стый tschíßtyj **sauber**
чита́ть/прочита́ть tschitátj/pratschitátj **lesen**
член tschlen **Mitglied**
что schto **was**
что́-нибудь schtó-nibutj **etwas**
чу́вствовать/почу́вствовать (себя) tschúßtwawatj/patschúßtwawatj (ßibjá) **(sich) fühlen**
чужо́й tschuschój **fremd**

Ш

шампу́нь *m* schampún **Shampoo**
ша́пка schápka **Mütze**
шарф scharf **Schal**
Швейца́рия schwijtzárija **Schweiz**
шезло́нг schyslónk **Liegestuhl**
ше́йный плато́к schéjnyj plató **Halstuch**
шёлк scholk **Seide**
шерсть *f* scherßtj **Wolle**
ше́я schéja **Hals**
шика́рно *adv* schikárna **toll**
шика́рный schykárnyj **schick**
широ́кий schirókij **breit**

широкоуго́льный объекти́в schiraka-ugólny abjektíf **Weitwinkelobjektiv**
шкаф schkaf **Schrank**
шква́листый schkwálißtyj **stürmisch** *(böig)*
шко́ла schkóla **Schule**
шлем schljem **Helm**
шля́па schljápa **Hut**
шля́па от со́лнца schljápa at ßóntza **Sonnenhut**
шок schok **Schock**
шокола́д schykalát **Schokolade**
штати́в schtatíf **Stativ**
што́пор schtópar **Korkenzieher**
шторм schtorm **Sturm**
штормово́е предупрежде́ние schtarmawóje pridupri͡schdénije **Sturmwarnung**
шум schum **Geräusch; Lärm**
шу́тка schútka **Spaß; Witz**

Э

экологи́ческий äkalagítschißkij **ökologisch**
экологи́чески чи́стый äkalagítschißki tschißtyj **biologisch** *(Essen)*
экскурсио́нный авто́бус ykßkurßi-ónyj aftóbuß **Reisebus**
экску́рсия äkßkúrßija **Ausflug; Rundfahrt**
экску́рсия по го́роду äkskúrßija pa góradu **Stadtrundfahrt**
э́кстренный слу́чай ǻkßtrinnyj ßlútschyj **Notfall**
экома́ркет äkamárkit **Bioladen**
электро́нная по́чта äliktrónaja pótschta **E-Mail**
эскала́тор yßkalátar **Rolltreppe**
эта́ж ytásch **Etage**

Ю

ю́бка jupka **Rock**
ювели́рный магази́н juwilírnyj magasín **Juwelier**
юг juk **Süden**

Я

я ja **ich**
я́блоко jáblaka **Apfel**
ядови́тый jadawítyj **giftig**
язы́к jisýk **Sprache; Zunge**
яйцо́ jijtzó **Ei**
янва́рь *m* jinwár **Januar**
я́сный jáßnyj **deutlich; klar**
янта́рь *m* jintár **Bernstein**

Bildnachweis:
Coverfoto: Getty Images/Ruslan Ahtyamov
S. 2: Shutterstock Inc./Grisha Bruev
S. 27: Shutterstock Inc./Uskarp
S. 55: Shutterstock Inc./Jacob Lund
S. 69: Shutterstock Inc./Alexey Shmul
S. 83: Shutterstock Inc./VictoriaKrylova_S
S. 115: Shutterstock Inc./Aleksei Golovanov
S. 133: Shutterstock Inc./Lapina
S. 165: Shutterstock Inc./AntonSokolov
S. 193: Shutterstock Inc./KonstantinV9
S. 217: Shutterstock Inc./Sergey Aryaev

Langenscheidt
Sprachführer Russisch

Entwickelt auf der Basis des
Langenscheidt Sprachführers Russisch
ISBN 978-3-12-514176-6

Bearbeitet von: Anna Kamaeva

1. Auflage 2023 (1,01 – 2023)

www.langenscheidt.com

Projektleitung: Helen Schmidt
Gestaltung und Satz: zweiband.media, Berlin
Druck und Bindung: Druckerei C. H. Beck Nördlingen
Printed in Germany

ISBN 978-3-12-514463-7